U0933491

珍藏本
纪念版

汉译世界学术名著丛书

富兰克林
经济论文选集

刘学黎 译

耿全民 校

2017年·北京

汉译世界学术名著丛书
（120年纪念版·珍藏本）
出版说明

2017年2月11日，商务印书馆迎来120岁的生日。120年前，商务印书馆前贤怀揣文化救国的理想，抱持“昌明教育，开启民智”的使命，立足本土，放眼寰宇，以出版为津梁，沟通中西，为中国、为世界提供最富智慧的思想文化成果。无论世事白云苍狗，潮流左右激荡，甚至战火硝烟弥漫，始终践行学术报国之志，无改初心。

逡译世界各国学术名著，即其一端。早在20世纪初年便出版《原富》《天演论》等影响至今的代表性著作，1950年代后更致力于外国哲学和社会科学经典的译介，及至1980年代，辑为“汉译世界学术名著丛书”，汇涓为流，蔚为大观。丛书自1981年开始出版，历时三十余年，迄今已推出七百种，是我国现代出版史上规模最大、最为重要的学术翻译工程。

丛书所选之书，立场观点不囿于一派，学科领域不限于一门，皆为文明开启以来，各时代、各国家、各民族的思想与文化精粹，代表着人类已经到达过的精神境界。丛书系统译介世界学术经典，引领时代思想，为本土原创学术的发展提供丰富的文化滋养，为推动中国现代学术和现代化进程做出了突出的贡献。

为纪念商务印书馆成立120周年，我们整体推出“汉译世界学术名著丛书”120年纪念版的珍藏本，寄望既利于文化积累，又便于研读查考，同时向长期支持丛书出版的译者、编者和读者致以敬意。

两甲子后的今天，商务印书馆又站在了一个新的历史时间节点上。我们不仅要铭记先辈的身影和足迹，更须让我们的步伐充满新的时代精神。这是商务人代代相传的事业，更是与国家和民族的命运始终紧密相连的事业。我们责无旁贷，必须做好我们这代人的传承与创造，让我们的努力和成果不仅凝聚成民族文化的记忆，还能成为后来人可以接续的事业。唯此，才能不负前贤，无愧来者。

商务印书馆编辑部

2017年10月

译者序

（一）

本杰明·富兰克林（Benjamin Franklin，1706－1790）出生在北美洲新英格兰的波士顿，是英国移民的后裔。他天资聪颖，8岁入文法学校读书，成绩优良。后因家庭生活拮据，负担不起学费，便辍学回家，帮助他父亲经营蜡烛和肥皂生意。他厌恶这个行业，非常向往航海。可是，他父亲不赞成，便决定叫他改行去印刷所当学徒。这时他年仅12岁。

富兰克林酷爱读书，勤奋好学。他把手上的全部零用钱都用来买书。进入印刷行业，经常与书商和书店学徒打交道，使他有机会从他们那里借到较好的读物。他如饥似渴地阅读各种书籍，并练习写诗和作文，进步很快。

大约在1720年，他哥哥创办了《新英格兰报》。富兰克林匿名写了几篇短文投到报馆，获得佳评。人们猜测这些文章可能出自博学多才的知名人士之手。富兰克林由此受到鼓励，继续努力不懈。

1727年秋，富兰克林和他的几位朋友组织了一个“读书会”。本着诚恳地探求真理的精神，研究和讨论道德、政治和自然哲学等问题。这个社团延续了四十多年，他们互相切磋琢磨，获益匪浅。

富兰克林说,“读书会”是宾夕法尼亚的“哲学、道德和政治学的最好学校”。他的第一篇经济论文:《试论纸币的性质和必要性》,就是在“读书会”上辩论以后,写成并发表的。

1730 年,他在费拉德斐亚创办了图书馆。随后其他各州的城镇群起仿效,读书成了一种社会风尚。图书馆是富兰克林不断提高自己的一个场所,他说:“这在某种程度上弥补了我没有受高深教育的缺陷。”①1733 年(27 岁)开始学习外语,先后学了法语、意大利语、西班牙语,又重新研习了拉丁语,并能够顺利地阅读这几种文字的书籍。他经过刻苦自学获得了丰富的知识。

在此期间,富兰克林熟练地掌握了印刷技术,开始独立经营印刷业务,承印纸币、选票和法律文件等等。这不仅使他获利丰厚,而且通过印刷纸币,结识了一些政府要人。1730 年,他收买了一份报纸:《宾夕法尼亚报》。24 岁的富兰克林成为报纸的发行人。这份报纸到了他手里,面貌焕然一新。字体清晰,印刷精美。他还不时地写点小文章,评论政务,针砭时弊,深受读者欢迎。订户增多,销路日广。他在社会上赢得了声誉。仅几年的时间,这份报纸不仅使他赚得了大量的金钱,而且为他敲开了进入政界的大门。

1736 年,富兰克林当选为州议会秘书。他的社会、政治活动,从此进入了一个新阶段。他在州议会秘书的职位上蝉联了十五年;后来,当选为州议会议员,又连任十年之久。

他在州议会任职期间,创办了许多项公共事业。

---

① 《富兰克林自传》,三联书店 1958 年版(下同),第 72 页。

从 1746 年起，他以极大的兴趣，在电学方面进行了一系列实验。他用风筝“把云中的电引到地上来”，以“证明闪电和电是同一体”。他的这一发现和其他电学实验的成果，引起了全世界科学家的重视。他被选为英国皇家学会会员，并荣获金质奖章。英国著名的高等学府先后授予他博士学位；美国有名的大学也授予他荣誉硕士学位。

北美的新英格兰是英国的殖民地。英国的殖民者开拓殖民地的目的，就是要殖民地为母国的利益服务。为保证其殖民目的的实现，英国政府制定了一系列的法令、法规或条例。它们阻碍了殖民地经济的发展，影响了殖民地人民的生活。英国与北美殖民地人民的矛盾日趋尖锐。

富兰克林对此深有体会。他反对英国颁布的有关殖民地经济的一些法令和政策。他探索这些法令所涉及的经济现象的内在联系，揭示其发展的客观规律，为自己的立论寻找根据。富兰克林以他高深的文化素养，丰富的商业阅历和他对全面情况的熟悉，在经济问题研究方面取得了一定的成就。从我们选择的这些文章中，可以了解一个梗概。

富兰克林的经济理论，他所提倡的经济政策，以及他那具有民主、自由色彩的政治主张，对北美殖民地人民的解放与国家独立，起了重要的启蒙作用。

为了解决英国与殖民地人民的具体矛盾，为了调解代表业主利益的总督与反映当地人民利益的州议会之间的龃龉，他受州议会委托，于 1757 年和 1764 年先后两次远涉重洋去伦敦，向国王请愿，与英国政府谈判。他前后在伦敦度过十余个春秋，与达官显宦讨论了殖民地立法问题。他不赞同英王是殖民地的立法者，他说："虽然议会不经国王批准不能制定永久性的法律，但是，不得到议会的同意国王也不能立法。"[①]他还结识了学术界的知名人士，同他们进行了学术交流。

当他第二次作为州议会的代表在伦敦停留期间，英国政府接连颁布了几项旨在剥削和压迫殖民地人民的法令，遭到北美殖民地人民的坚决反对。英国政府调集军队，镇压殖民地人民。1774 年 9 月 5 日，各殖民地代表在费拉德斐亚召开殖民地联合会议，即第一次大陆会议，共同协议反抗压迫。富兰克林在伦敦为废除那些不利于殖民地人民的法令，在议会内外积极进行活动，以调解宗主国和殖民地的冲突。1775 年 1 月，他呈交上议院一份"调回驻波士顿军队的方案"，遭到英国殖民主义者的悍然拒绝。这时，北美已经爆发了武装斗争。他在感到震惊之余，变得更清醒了。如果说，他过去"效忠"于英王，试图在不触动殖民制度的条件下，以和平方式调和英国殖民者与殖民地人民的矛盾；那么，这个时候，他毅然决然离开英国，返回美洲，参加革命。他回到费拉德斐亚，担任治安委员会主席，负责组织训练义勇军，采办军火等工作；后来又作了州议会主席。州议会派他出席第二次大陆会议。1776 年 7 月 4 日，第二次大陆会议通过独立宣言，宣布北美殖民地与英国分离，成立自由独立的美利坚合众国。富兰克林是美国独立宣言的起草人之一。

独立宣言鼓舞了为独立和自由而战斗的殖民地人民。独立战争在激烈地进行着。为了争取国际援助，大陆会议派富兰克林出

① 《富兰克林自传》，第 152 页。

使巴黎。富兰克林卓有成效的外交活动，为独立战争的胜利创造了国际条件。1783 年 11 月，英国正式承认北美十三州独立。富兰克林成功地完成了他的外交使命。

1785 年 7 月，富兰克林离任回国，受到人民的热烈欢迎。这时，他已 80 高龄，还当选为宾夕法尼亚州的州长。

1790 年 4 月 17 日，这位自由资产阶级的思想家、著名的社会活动家和政治家、伟大的科学家与世长辞。

（二）

《富兰克林经济论文选集》共有 5 篇文章。

《试论纸币的性质和必要性》，是他于 1729 年发表的第一篇经济论文。

十八世纪初，英国与北美殖民地的贸易已有相当大的发展。由于英国实行重商主义政策，凡是金属货币，不论是英国、西班牙还是葡萄牙的，在殖民地待不上六个月，就很快流往英国。北美殖民地硬币奇缺，贸易发生困难。无可奈何，只有实行物物交换，或以实物支付。这很不方便。1723 年，宾夕法尼亚首次发行纸币，促进了该州经济繁荣。1726 年，部分纸币被收回，市场上又出现了货币缺乏。货币问题成为当时经济生活中相当尖锐的问题。人民群众要求更多发行纸币的呼声很高，可是富有阶层不赞成，甚至反对发行任何纸币。纸币问题成为人民议论的中心。富兰克林也卷进了这场激烈的争论。他们在读书会上也就这个问题展开了辩论。富兰克林站在赞成增发纸币的一边，并确信增发纸币大有好处。他在《自传》

中写道:"我们的辩论,使我对于这一题目产生很大的兴趣,我撰写和发表了一本不具名的小册子,名为《纸币的性质和必要性》。"

这本小册子一出版,受到普通老百姓的欢迎,遭到有钱人的反对。因为它助长了增发纸币的呼声,削弱了反对的力量。议会终于以压倒的多数通过了增发纸币的议案。他说:"我在州议会中的朋友们想到我对这一议案的通过有些贡献,认为应当由我来承印纸币,作为酬答。这是一宗利润很厚的生意,对我帮助很大。"①

富兰克林在这本书中指出,一个自由而普遍进行贸易的国家,必须有一定比例量的货币。多于这个数量,对于贸易没有益处,少于这个数量,对贸易也有害处。然后,他进一步探讨,大量增发纸币是否会使它的价值大幅度地降低。要回答这个问题,他说:"我们必须首先树立关于一般货币的性质和价值的正确概念。"就是在这一部分,他阐发了劳动价值理论。

英国殖民主义者不允许殖民地成为他们的竞争者。英国政府明确训令其驻殖民地的总督,要阻挠殖民地一切制造业的发展。1750年,他们制定了一项铁业法令,禁止在美洲殖民地增建切铁或轧铁厂,以及锻铁炉和炼钢炉限制殖民地铁业的发展。

据说,这项法令的公布,是富兰克林于1751年撰写《关于人类增长的观察报告》一文的"直接原因"。他在这篇文章中,简要地分析了人口增长的规律,同时指出美洲人口增长比欧洲快得多。但是,尽管北美人口这样快地增长,如此辽阔的北美领土,需要很长时间才能住满人,在此以前,"这里的劳动绝不会便宜"。他说,在

① 《富兰克林自传》,第59页。

英国，还有人担心，“美洲使用奴隶劳动可能在制造品价格方面同英国竞争”，这是没有根据的。我们在奴隶身上的花费很大，如果估算一下，就可以晓得“这里的奴隶劳动绝不会像英国工人的劳动那样便宜”。“因此，这些殖民地在依靠劳动、制造品等进行的贸易中，妨碍它们母国的危险性太小了，以致不需要英国予以关注。”再说，殖民地对英国制造品的需求极大，甚至超过她的供应能力，“因此，英国不应过多地限制她的殖民地内的制造业。一个聪慧而善良的母亲是不会这样做的。贫困就是衰弱，而使孩子衰弱，就是削弱整个家庭”。富兰克林认为，殖民地经济的发展不会危害英国的利益。他总是试图以英国的利益与殖民地利益的一致性为理由，说服英国殖民者不要限制殖民地经济的发展。

我们选译这篇文章的着眼点，主要还在于他对人口增长的见解和研究方法，以及他对马尔萨斯的人口论有切实的影响。

《关于美洲纸币的评论与事实》一文，是为了反驳英国商务部的报告而写的。

在英法七年战争期间，敌人的供应线被切断了，可是，英国商人却同敌人秘密进行交易，形成大量债务。战争停下来，商人们担心殖民地会发生支付混乱，从而损害他们的利益。所以，他们反对发行纸币。屈从于这些商人的压力，1774 年 2 月 9 日，管理殖民地事务的商务部写了一份报告，陈述禁止在美洲发行作为法定货币的信用票据的理由。当年，富兰克林应朋友们的邀请写了这篇文章，逐条驳斥了商务部的报告书，并且进一步阐明纸币的性质和发行纸币的必要性，为该州的纸币制度进行辩护。

《关于国民财富有待研究的几个问题》，写于 1769 年。它不像前三篇文章那样具有锋芒毕露的论战性质。文章很短,有十二条,约 1500 字,是一个纲要。他试图从人类生活所必需的物质资料的生产活动中,历史地论证他的劳动价值论,解析价值的构成,并说明利润的来源。他简述了随着社会生产的发展,先后出现的农业、制造业和商业的关系。这篇文章有着鲜明的重农主义色彩。

关于《贸易原理》,原编者引用了威廉·田波·富兰克林的一段话,说明富兰克林撰写和发表这篇文章的经过。他说,这篇文章"于 1774 年初次出版,它是由乔治·惠特利和富兰克林博士合写的。初稿确定是惠特利起草的,然后送给富兰克林,由富兰克林修改和补充。在他们之间曾经引起友好的争论:谁最有权利说自己是这篇文章的作者。他们争论的结果,决定不署名,只用'皇帝和国家之善良的祝愿者'的名义发表"。原编者认为,要是细心审阅,或许能够分辨出他们每个人贡献的那一部分。但是,如果这样做,就会损害这篇十分有价值的文章。从事情的细节来看,可以相信该文中包含的一切原理,都是富兰克林博士赞同的。可以说,它就是富兰克林的著作。

《贸易原理》的内容,包括贸易的定义,贸易的目的,铸币与纸币,汇兑与汇兑平价,贸易政策,以及贸易与生产的关系等等。中心内容是阐述他的自由贸易思想。

(三)

富兰克林的经济理论。

1. 关于财富及其源泉

政治经济学最初是从研究财富的性质和原因,以及它们的生产和分配开始,而逐步建立起来的一门科学。在政治经济学的初创时期,财富是它的首要课题。那时研究经济学的人,都不能回避这个问题。

富兰克林关于财富的观点,深受重农主义学说的影响。他认为,一个民族获得财富唯一正当的途径是农业。人类从撒进大地的种子获得真正的增殖。人们通过劳动能够大量增加植物性和动物性食物,以及衣服原料等。这些物质生活资料除供给生产者本人和家属消费以外,还有剩余。“这些东西的剩余就是财富。”(本书第 40 页)换言之,“有余”便是财富。在生产尚未发展的阶段上,或者说,在商品流通的初期,正是农产品的多余部分转化为商品,构成商品交换的主要对象。富兰克林的这种观点,反映了当时北美洲商品生产的发展程度。

富兰克林突破了重商主义所谓的货币(金银)就是财富的观念,以至否认货币是真正的财富,而断言它只是“财富的符号”。这与他对货币的性质和职能缺乏全面而正确的认识有关。

富兰克林认为,农产品的剩余是制造业、商业赖以产生的基础。他说,人们有了这种多余的生产物或财富,才有可能雇用劳动者、兴建城市、建筑房屋、制造工业品等等。而房屋和制造品不过是由粮食和维持生活的物品转化成的另一种形态。人们拿他们的剩余物品进行交换,互通有无,这就是贸易。

至于土地的增殖,富兰克林并不以为它是“自然的恩赐”,他更看重人类的劳动。他说,就是依赖于自然生产物的民族,也得“靠采集植物和捕获动物的劳动而生存”。(本书第 40 页)如果当他们感到自然生产物不敷应用时,为了生存,他们必须开发土地。“土地必须由人类和牲畜耕作而发生增殖。”(本书第48页)大自然是人类一切食物和维持生活物品的来源,但是,人类必须依靠劳动才能获取它们。一国的财富应由它的居民能购买的劳动量来估价。

因此,富兰克林积极提倡勤劳,他主张“在任何情况下,都应该采取一切手段鼓励和保护任何形式的勤劳;应该使用一切可能的方法根除懒惰”。游手好闲是一种“没有补偿的消耗”(本书第48、49页)。他倡导家庭妇女把家务劳动之余的零碎时间利用起来。一年的零碎时间的总和,对于单个家庭,乃至相应地对于整个国家都是非常可观的。他的格言是:“丧失时间就是丧失生计,因而也就是丧失财富。”(本书第49页)

2. 价值理论

富兰克林的价值理论师承配第,但并非依样画葫芦,他有独到的见解,对于经济学说的演变有其实在的影响。

谈到斯密的价值学说,人们往往注意到它同配第的理论联系;虽然也有人探讨过富兰克林的经济观点对斯密的影响,但这似乎未曾引起人们的重视。

传记作家们早已注意到一份史料,那就是斯密在写《国富论》时,曾将草稿拿到富兰克林及其他学者那里去,“耐心地听取这些人的意见,从他们的议论和批评中汲取有用的东西,有时整章整章地重新改写,甚至否定原来的一些主张。”[1]这是富兰克林对洛根博士讲过的话,在1829年洛根夫人写的一封信上第一次见诸文字。研究斯密的学者们对这份史料,则有两种不同的看法。有人

① 约翰·雷:《斯密传》,商务印书馆1983年版,第239页。

认为,上述说法即使有夸大的地方,却似乎没有理由全盘否定;也有人说,是否真有其事尚属疑问。事实究竟如何,留待传记作家们继续考证吧。

然而,如果我们拿富兰克林的《试论纸币的性质和必要性》(1729年)一文,与斯密的《国富论》(1776年)一书,阐述商品价值的部分,加以对照比较,就会发现他们的基本思路是何其相似乃尔!尤其是关于"能购买的劳动"这个范畴,不仅基本观点,甚至用词用语和所举事例都有雷同之处。

富兰克林的论文和斯密著作的出版年代,先后相距近五十年,所以,看来并非不谋而合,而是有其渊源关系。

富兰克林发现了商品价值的本质。他说,金银本身没有一定的恒久的价值,其价值多少依它的稀少性和丰裕程度而定。所以,金银可以作为交换媒介,但不能充当价值尺度。"看来需要选定其他更适宜作为价值尺度的东西,我选择劳动。"(本书第9页)白银的价值和其他物品一样,都可以用劳动来衡量。富兰克林已经观察到不同形态的物品中有一种共同的东西——劳动。他进一步申述,"一般说来,贸易无非是劳动同劳动相交换。……一切物品的价值用劳动来衡量是最公正的"。(本书第11页)马克思对富兰克林这句话有一段很中肯的评论,他写道,富兰克林"先说'一种劳动',然后说'另一种劳动',最后说的是没有任何限定的'劳动',也就是作为一切物品的价值实体的劳动"。[①] 富兰克林舍弃了相互交换的各种劳动的具体形态,将它们还原为平等的人类劳动。他

① 马克思:《资本论》第1卷,《马克思恩格斯全集》第23卷,第65页注(17a)。

比配第前进了。

富兰克林还推进了从交换价值到抽象价值的进程。

关于"能购买的劳动"这个范畴，在富兰克林的《试论纸币的性质和必要性》一文中，就已经出现了。它比斯密的《国富论》早近半个世纪。

富兰克林认为，金银只是交换媒介，不宜作为价值尺度；一切商品的价值唯有用劳动来衡量才是最公正的。他从这一观点出发，反对以居民持有的金银量来评定一国的贫富，主张用金银能够"购买"到的劳动量，来表明一国占有的财富多寡。

在富兰克林早期的经济论文中，"能购买的劳动"，只是用以表明商品所有者的财富，是由他所支配的社会劳动量构成的。由于他未能将活劳动与物化劳动、劳动与劳动力区分开，后来，在重农主义学说的影响下，又提出了商品价值决定于能购买的劳动（即劳动的价值）这个命题。富兰克林宣称，农业是富国的"唯一正当的途径"，人类从撒进大地的种子取得真正的增殖；至于制造业，是不会增殖的。制造品"是由粮食和维持生活的物品转化成的另一种形态"；雇主购买工人劳动付给他们作为报酬的粮食，仅够维持他们的生活；所以，"所有这些物品的价值皆起源于生产它们时所消费的粮食"（本书第40—41页）。他就这样引出了"能购买的劳动"决定商品价值的结论。

富兰克林关于商品价值决定于能购买的劳动（即劳动的价值）的命题，为斯密所继承，并加以发展。人们正当地批判了斯密价值理论中这一错误的主张。可是，斯密并非始作俑者。

3. 纸币的性质

富兰克林从货币的起源，进而论及纸币的性质。他说，由于分工的存在，而有交换的必要。如果只是物物交换，那是非常不方便的。“为了消除这种不方便，使之便于交换，人们发明了货币，恰当地称之为交换媒介。”（本书第8页）富兰克林不是从交换价值的发展所产生出来的困难，而是从那种扩展了的物物交换所遇到的外部困难中，去寻求货币的起源。

富兰克林认为，人们选定了黄金和白银作为交换媒介，因为它们没有恒久的固定价值，不适宜充当价值尺度，最适宜作为价值尺度的是劳动。白银的价值像其他商品一样，也可以用劳动来衡量。在这一点上，他将白银与其他商品等量齐观。

既然贸易无非是劳动同劳动相交换，实现这种交换的手段，即充当交换的媒介物，不一定非金银不可。他说，当时欧洲几个大宗贸易的中心，巨额款项用信用票据结算非常方便。这种票据，就是人们把他们的货币存入银行，拿到一个等值的凭证；他们凭此票据可以有把握地于任何时候再向银行提取货币，这就赋予票据以信用，所以，它可以代替货币作为交换媒介。他又说：“正如以货币做抵押发行的票据是货币一样，以土地做抵押发行的票据，实际上就是土地的货币化。”（本书第11页）如果法律认可，它就是法定货币。

当时，反对发行纸币的人提出一条理由：“每种交换媒介都应该具有内在价值，纸币则没有，……绝不能充当等价物。”富兰克林反驳说，银行票据和银行钞票都没有内在价值，却天天在那里充当交换媒介。它们本身没有内在价值，但由发行者的信用支撑着，就像殖民地的钞票由政府的信用支撑一样。这些票子，或以货币做储备，或以土地做抵押，或以政府税收为基金，赋予票子以信用，使它能够充当交换媒介。富兰克林未曾注意到，纸币和信用货币是受不同的法则支配的。

富兰克林又进一步以金属货币为例，来说明完全没有内在价值的东西，也可以作为交换媒介。他写道："目前，甚至英国的银币也不得不代表它价值的那一部分——即它的实际重量与它的票面价值之间的差额——充当法定货币。现在，正在流通的先令和半先令银币的大部分，由于磨损而减轻 5%、10% 和 20%，而有些半先令银币甚至减轻 50% 之多。就实际重量和票面价值之间的差额而论，没有内在价值，甚至连纸币的内在价值都没有，可以说毫无价值。它是法定货币，人们晓得它能够代表同等价值再去顺利地流通。"（本书第 34 页）既然如此，那么，完全可以用纸币作为交换媒介，而且纸币还有金属货币所不具备的那些优点。

富兰克林提出纸币发行量的限度，就是贸易中"对交换媒介的需要量"。"多于这个数量，对贸易没有益处；而少于这个数量，如果非常少，则对贸易极其不利"。（本书第 1 页）

富兰克林关于纸币性质的论述，对于研究纸币制度的演变，有一定的参考价值。

4. 自由贸易

富兰克林十分赞赏"自由放任"口号。在北美，他是自由贸易不遗余力的倡导者。这或许是因为他身临北美殖民地的境域，深切地感到英国政府的种种限制，为殖民地经济和人民生活带来的严重危害，所以，他强烈地反对限制贸易的政策，坚决地主张自由

贸易制度。他说:“自由和保护是贸易赖以成功的最无可置疑的原则,……强制是贸易的大敌。”(本书第 45 页)

贸易是国与国或人与人之间的一种交往,通过这种交往而获得各自需要的必需品或享乐品。“贸易的目的就是营利。”(本书第 44 页)贸易对交换者双方都有利。

由于贸易的这种性质,人为的法律可能阻碍贸易于一时,最终还是阻挡不住有利可图的贸易潮流。就像当任何可以解除饥饿的机会到来时,最严厉的法律也不足以制止人们去充饥一样。西班牙的死刑法,不是也未能阻止它的货币(白银)外流吗?不管是西班牙以“货币差额论”为根据,还是英国以“贸易差额论”为宗旨,所制定的禁止货币出口的法律,都是同样愚蠢的。

反对谷物输出的人提出,我们出口小麦为邻国提供面包,比供应我们国内穷人的还便宜,从而使他们可以从事廉价的劳动,必定会影响我们的制造者。一旦耗尽国家的谷物,我们自己就要挨饿。富兰克林说,这无异于看到潮水退向大海,而担心河水就要流干。“谷物价格像水一样,会找到自身的水平。我们输出的愈多,它在国内就变得愈昂贵;国外接受的愈多,它在那里就变得愈便宜。一旦国内外价格均等,出口自然就会停止。”(本书第 64 页)如果贸易是自由的,每个沿海国家都可以吃上平均价格的面包,将会更平稳地促进农业的发展。

富兰克林主张政府不要过多地干预经济,而应该让它自行其是。但是,自由是需要保护的。国家有权力防止或制止损害公众利益的商业活动,但必须不违反自由贸易原则。

富兰克林是彻底的自由贸易论者。十八世纪以来,自由贸易主义在欧美的风行,也有富兰克林一份功劳。斯图亚特曾经赞扬富兰克林说:“以寥寥数语,说尽贤明政治的两个重要原则:给我们自由,别多干涉。这两句话所以能够广泛流传,主要归功于富兰克林的简短而明晰的评论,他的评论在新世界和旧世界都对舆论有重大的左右力量。”①

所谓自由贸易,实质上就是资本的自由,也就是彻底实现自由竞争的原则。

5. 人口问题

富兰克林从对分布于各地区的人类增长的观察中,得出结论说,人口的增长是与供养家庭容易和方便相一致的。养家糊口容易,较多的人很早就结婚;养家糊口艰难,许多人推迟结婚,有些人甚至终生过着独身生活,从而影响人口增长。

凡是直接或间接影响家庭生计的,诸如土地、社会、政治、经济、文化教育和科学技术等因素的状况,都对人口增长起着促进或制约的作用。

富兰克林比较了古老的欧洲和北美新大陆的情况。他说,在北美洲比欧洲结婚更为普遍,也更早一些。“如果估计一下,欧洲每年 100 人中只有 1 人结婚,或许我们可以估计美洲则有 2 人。如果在欧洲一对夫妇只生 4 个孩子(他们许多人是晚婚的);在这里,我们估计是 8 个孩子,假若其中有一半长大成人,而我们完婚的年龄估计平均为 20 岁,那么我们的人口至少每二十年增加 1 倍。”(本书第 20 页)无容置疑,富兰克林在这里所讲的是北美殖民

① 转引自萨伊:《政治经济学概论》,商务印书馆 1963 年版,第 11 页。

地人口的自然增殖。紧接下去，在谈到北美的英国移民人口的自然增殖趋势时，他留有余地，假定二十五年增加1倍。

富兰克林对北美殖民地人口自然增殖的估算，后来为马尔萨斯所利用，作为他的人口“按几何级数增加”的立论根据，并且断言这是人口增长的一般规律。

对于马尔萨斯的几何级数和算术级数的怪诞幻想，必须予以批判。可是，近几年，国内出版的政治经济学教科书，在批判马尔萨斯的“人口论”时，说十八世纪北美殖民地人口二十五年增加1倍，“不是由于人口的自然繁殖，而主要是由大量移民来美国定居造成的”结果。事实上，这种说法，非自今日始，它在国内的政治经济学教科书上，以讹传讹，相延二十余年了。这是令人遗憾的。

十八世纪，北美殖民地人口由自然繁殖而迅速增长的事实，早就引起了一些历史学家和经济学家的注意。斯密在《国富论》(1776年)中就有一段记述：居民人数“在北美各英属殖民地，在二十年或二十五年内，就增加了1倍。就现在说，这种迅速增加的主要原因，不是新居民的不断移入，而是人口的迅速繁殖。据说，当地高龄居民往往能亲眼看到50、100甚至100个以上的直系子孙。由于劳动报酬优厚，多子女不但不成为家室之累，反而成为家庭富盛的源泉。”[①]

富兰克林认为“人口是与生产物成比例的”。如果某个国家提供的就业机会与公民一样多，就是有外国人移入，最终人口也不会增长。如果这个国家有职业空缺，不久将会由自然生育予以补足。

① 斯密：《国民财富的性质和原因的研究》上卷，商务印书馆1979年版，第64页。

“简言之，植物或动物的多育性是无止境的，但是，其繁殖是由它们彼此争夺和互相妨害的生活资料所制约的。”（本书第 25 页）

*　*　*

本选集原文承张文阁、张昌桂同志从国外找来，谨在此向他们表示真挚的谢意。

限于译者水平，译文的缺点和错误在所难免，希望读者批评指正。

1985 年 5 月于北京

目　　录

试论纸币的性质和必要性

（1729 年 4 月 3 日）

没有哪一门科学研究比对本国有真正利益的知识，更有用处和值得赞扬；或许没有哪一门学问比这种知识更为难懂和复杂，要学得好就更加困难，因而，人们普遍地忽视了它。所以，我们天天遇到人们在谈话中热烈地争论着某些政治论点，尽管那些论点与他们双方可能有密切关系，但是，他们双方都不理解它，就像他们彼此之间不了解一样。

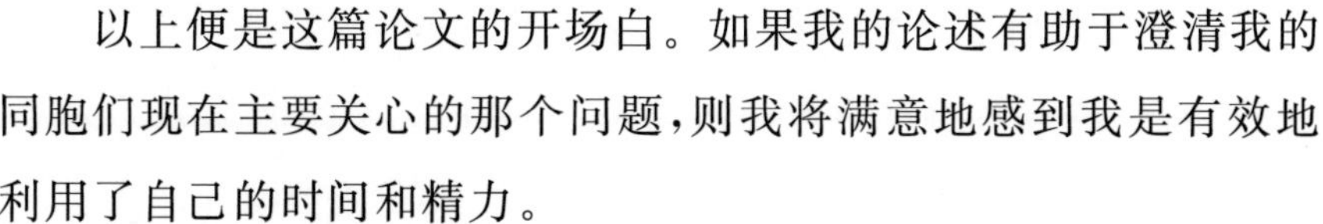

以上便是这篇论文的开场白。如果我的论述有助于澄清我的同胞们现在主要关心的那个问题，则我将满意地感到我是有效地利用了自己的时间和精力。

那么，继续讲下去。

一定比例量的货币是一个国家自由而普遍地进行贸易所必需的。多于这个数量，对贸易没有益处；而少于这个数量，如果非常少，则对贸易极其不利。

由此我们得出以下一般性论点：

第一，**在任何进行贸易的国家中，极度缺少货币，就要引起非常高的利息率**。从这里可以看到，在货币相对缺乏的地方，依靠任何法律去制止人们支付和收取过高的利息，那是办不到的。因为，当需要货币的人付出较低的利息而不能得到货币时，尽管法律禁止收取高于6%的利息，他也将想方设法支付10%。当然，货币的高利息在各方面都有损于国家。它造成土地价格低廉，因为当人们依靠贷款利息能够取得极大的利润时，几乎没有人愿意把他们的货币投资于土地。当人们在国内使用货币，不用担风险和危险，就能够取得大量可靠的利润时，自然人们就不会拿他们的货币去海上冒险了，因而，贸易受到阻碍。假如在两个邻国中，一个国家的商人由于国内货币十分充足，能够比另一个国家的商人，以较低的利率借到货币进行贸易，他们确实将会得到利益，并把贸易的绝大部分控制在他们自己手里。因为以8%或10%的利息借到货币经商的人，没有能力和以6%或4%借得货币的人来共同垄断市场。相反地，充足的货币将引起利息降低。这就诱使许多人宁可把他的货币投资于土地，也不愿拿它们干别的用。这样一来，土地价值将开始上涨，并具有较高的价格。与此同时，它将非常有助于活跃贸易，因为人们发现把他们的货币用在贸易上，比放高利贷有更大的利润。许多精通商业但自己没有足够储备的人，如果他们能以中常利息借到货币，将会促使他们借钱经营贸易。

第二，一个国家缺少货币就会降低投入贸易的那部分产品的价格。如上所述，因为贸易由于缺少货币而受到阻碍，所以对那部分产品的需求量很少。这是土地在这种情况下之所以低廉的另一个原因，尤其是在国家的大宗商品是土地直接生产物的地方。因为土地生产物价格低廉，几乎没有人从农业或改良土地中得到利益。相反地，充足的货币将使贸易品具有高价格。因为贸易由此受到鼓励和推动，对那部分产品的需求量很大，将会大大地促进农业与耕作，结果使土地更值钱。由于上述原因，许多人愿意从事农业，要不然他们就会另外寻找某些更有利可图的行业了。

我们已经体验到，由于纸币的发行而使我们的通货增加，在何等程度上推进了我们的贸易。特别仅以造船业为例，在这个项目中，可以正确地观察到，它对于像我们这样一个贸易国会有多么大的好处。我们的国家有工人，国内有适合于那种企业的一切物质资料，推动造船业尽可能地发展起来。在这里，为英国商人制造的每条船，都为该省赢得了金银形式的净价值；否则它就一定会被作为利润运回母国。同样地，在省内制造并属于本省的每条船，不仅为本省节约她的原始成本，而且还节约一切运费、工资以及她不断提供或使她得以维持下去所必要的食物。假如尽心地把这里造成为她的可以支付工资的港口，她就能携带着整个航程所需要的食物，顺利地完成全部航行。这是多么值得重视的年年有利于我们的项目啊！每一个略懂商业事务的人，一定会觉察得到，如果我们自己不能造船，要么我们必须从其他国家购买我们所需要的船只，要么就得租船把我们的产品运往市场，这比买船要花更多的钱，而且在其他许多方面对我们都是很大的损失。在没有充足货币的地方，一般说来，贸易将会衰落；在贸易衰落的地方，其结果造船业必定衰退。

第三，一个国家缺少货币会阻碍工人和手工业者（他们是人民的中坚和栋梁）来此定居，并且导致已经定居下来的许多人离开这个国家，到别的能支付给他们较多工资的地方去寻求欢乐和职业。再没有比下面这种情况使勤劳的工人更为沮丧的了，那就是在他辛辛苦苦地挣得他的食物以后，还必须花费同样多的时间和忍受

几乎同等的劳累把它们拿到手，如同他不得不挣得它们时一样。普遍缺少货币会造成更多的无钱发工资的出纳员。而在这样的国度里，这又是土地价格低廉的第三个缘由。土地价值的增长是和移居其上的人口增加成比例的，因为那里出现了如此众多的购买者。如果居民人数减少，毫无疑问土地价值将会降低。相反地，充足的货币将鼓励大量工人和手工业者来这个国家定居。基于同样的道理，缺少货币会阻碍和迫使他们离开这个国家。当然，居民越来越多，对土地的需求也就越来越大（如上所述），因此，其价值必然上升，并具有较高的价格。同样可以说，由于上述原因，房租的价值也将要提高。随着贸易和财富的增长，人们将付得起更高的租金。由于房租价值提高，利息降低，许多在货币缺乏时放高利贷的人，很可能会热衷于建筑业。建筑业也会使一些地方的生意明显地活跃起来。它不仅对制砖工人、砌砖工人、石工、木工、细木工、装玻璃工人，以及其他一些直接为建筑业服务的行业都有好处；而且同样对农民、酿酒商、面包师、裁缝、制鞋匠、店主，总之，对每个拿货币投资的人都有好处。

第四，在我们这样的国家里，货币缺乏比货币充足会引起对英国和欧洲货物与人口数量成比例的更大的消费。因为雇佣许多技工和劳动者的贸易家和商人，发觉他们的其他事务需要他们手中掌握的货币，从而迫使那些为他们劳动的工人接受一半或三分之二的实物工资，采用这种办法，可以卖掉大量货物，并得到较大价值。因为这将导致工人们和他们的家属在好的服饰等等方面，要比他们挣得并拿到这样的东西以后，让他们付现钱时，或者不把这些没有其他用处的物品硬塞给他们时，更加挥霍浪费。要不是这些物品在内部销售的价格比他们为它们付的钱还少，因而带来相当大的损失，这些人是不会把付给他们作报酬的物品运往国外市场的。他们在国内也不容易卖掉它们，因为他们的朋友普遍以同样的方式得到了这样一些物品。如果采取这种办法强制人们进行非必要消费的某些人，竟率先最严厉地指责他们傲慢和挥霍浪费，那是多么不合情理呀！虽然对外国商品这种异常的消费可能有利于个别人，然而国家通常会因此迅速地变得贫穷。相反地，充足的货币会引起对欧洲货物与人口数量成比例的更少的消费。即使它不能为我们带来顺差，那么也是使我们的贸易差额比现在更趋于均衡的手段，因为它同时会促进我们自己的生产。可以说，尽管按人口比例消费的外国商品更少了，然而，这对于商人没有损害，因为正在增长着的人口，总的说来，将会引起对更多的外国商品需求的增加。

这样，我们已经看到一个国家(特别是像我们这样的国家)，当没有足够的流动现金储备去从容地经营其贸易时，必定要为一些很严重的损失而苦恼。我们同样也已经看到，由于持有足够的货币或充足的通货而产生的某些利益。

前面经过深思熟虑的若干段落，自然将导致我们得出关于人们可能赞成或反对在本省发行大量追加额的纸币的如下结论：

1. 因为人们的意见和行为，看来总是受他们的特殊利益的强烈影响，所以，一切在贸易上没有勇气去冒险的人，目前都在从事抵押贷款，以获得超高额利息。在货币缺乏的情况下，尽管有法律，他们还会这样做的。我以为，所有这些人很可能反对大量追加我们现有的纸币储备。因为充足的货币意味着低利息，并且使无抵押贷款成为平常的事。

2. 一切持有大量货币的人,都想购买土地;在这种发展中的国家里,土地会带来巨大而可靠的利益。我以为,所有这种人的利益使他们倾向于反对大量增发我们的货币。因为他们的财富,由于他们获得了大量利息,目前正在继续增长着。这将使他们(假如他们能够阻止土地价格上涨)在日后比他们在目前可能买到更多的土地。当整个贸易不景气时,不仅是向他们借钱的那些人,而且也将使老百姓普遍贫困化,因而,他们不得不以比他们现在能够卖得的货币还要少的价钱,出卖更多的土地。尽管这些人拥有他们所能买到的那么多的土地,然而,使货币变得充足,对他们还是有好处的,因为它将直接促成他们手中的土地价值上涨。如果说,人们基于对个人利害关系的了解,往往能够确切地推测出他的意图,这是不足为奇的。因为,据说,利害关系是不会骗人的。

3. 许多律师和其他与法院事务有关联的人,很可能反对充足的货币。因为人们在那种情况下,很少需要借债,所以,就很少有诉诸法律,和为了他们的债务相诉讼的必要。不过,据我所知,即使在这些先生们当中,也有些人关心公共利益先于他们自己的显见的个人利益。

4. 无论如何,所有必须依附于上面提到的那些先生们的人,不管是公务员、承租者还是债务人,至少必须表示反对大量增发货币。因为,倘若他们不这样做,他们就会切实地感到他们目前的利益受到危害。除这些人以外,无疑还有许多善意的先生们,和另外一些没有任何他们自己看得见的直接个人利益的人,也反对这样增发货币,因为他们相信他们的一些持反对意见的朋友是正直的和具有健全判断力的(可能由于上述结果),他们自己却没有充分地思索过这个问题。如果说,在哪一方面有一个强有力的派别,这是没有什么可惊异的。

另一方面,热衷于贸易和乐于看到制造业发展的人,赞成大量增发我们的货币。因为他们非常明白,当人们所能得到的货币,刚刚够购买生活必需品,和为他们的家属提供口粮时,他们很少有心把货币预付在贸易上,他们对发展中的新兴制造业的投资更是微乎其微了。在没有货币支付工人工资的地方,也不可能使新兴制造业变为有利可图的,因为用实物支付工人的工资,对他们非常不利,所以使他们感到沮丧。

再者,真正为了业主利益(主要是他们没有自己的独立见解)的那些人,衷心地希望大量增发货币。因为,如上所述,充足的货币由于种种原因使土地价值极大地提高了。我吁请密切关注出售土地的业主的那些人注意,自第一次发行我们现有的纸币以来,土地(甚至以它为手段)是不是大幅度地上涨了呢。现在,我们都晓得业主拥有大量可出售的土地。

既然充足的货币是促进本省贸易和财富,以及人口数量增长的非常重要的动因,这种情况,尽管不会明显地减少英国的居民,但是,这里对英国商品的需求和它的销路将大大地增加。应当承认王国政府对它的臣民增加财富和人口是有很大作用的;我难以想象,英格兰的利益会反对我们在这里发行我们认为数量适当的纸币,而我们是我们自身需要的最好的判断者。如果我不是感到英格兰商界的先生们(我们已经用我们的白银和黄金付款给他们了),听到了关于我们的情势的错误消息,因而力图把我们的货币限制在目前的水平上，那我就会认为，母国政府是有意识地刁难，并使这个省陷入贫困，对此，我们是无法理解的。

现在，留待我们探讨的问题是，大量增发我们的纸币能否不使它的价值大幅度的降低。而在这里，我们必须首先树立关于一般货币的性质和价值的正确概念。

正如上帝所命定的，不仅不同的国家，甚至同一国家的不同地区，都有其特殊的最适宜的物产；同样，不同的人都有采用各种不同技艺和制造业的天赋，因而商业，或者说一种商品或制造品同另一种相交换，是非常便利和有益于人类的。例如，A 具有做衣服的熟练技术，而 B 熟悉谷物的种植。A 需要谷物，而 B 需要衣服。基于这一点，他们为各自所需要的数量彼此交换，以达到双方互利和相互满足的目的。

如果通常的交易只是商品直接交换，而无其他方式，那必定是非常令人厌烦的。因为一个有谷物要出卖的人，需要衣服，可能在他寻找跟他做买卖的商贩时，遇见 20 个要出售衣服的人，可是他们不需要谷物；而他遇见另外 20 个需要谷物的人，可是他们没有适合他需要的衣服。为了消除这种不方便，使之便于交换，人们发明了货币，恰当地称之为交换媒介。因为劳动同劳动相交换，或者一种商品同另一种商品相交换，是通过它或者以它为手段进行的。人们已经约定用不管什么样的特定物品做这种媒介物，或者金、银、铜，或者烟草。对于占有货币的人（如果说他们需要什么东西的话），他们所需要的正是货币。因为它会直接为他们购得那些物品，对于需要衣服的人来说，它就是衣服；对需要谷物的人来说，它就是谷物；因而货币就是它可以获得的其他一切必需品。这样，要出售谷物而想购买衣服的人，可以按照谷物所具有的这种一般媒介物的价值，将他的谷物卖给需要谷物但没有衣服的人。他可以利用这种媒介物购买不需要谷物者的衣服，并且他也许用这种媒介物购买一些直接可以买到的其他物品（假如是铁），从而，他可以说，拿他的衣服交换了铁。因此，这种一般性的交换刚一实行，由于非常方便，使所有的当事人都感到满意。

许多世纪以来，世界上经营商业的那些地区，选定黄金和白银作为这种媒介物的主要的和最适宜的材料。它们由于自身的纯净、美丽和稀少性而成为贵金属。通常借助这些东西，特别是用白银，去估价其他一切物品。但是，白银本身没有一定的恒久的价值，其价值多少是依它的稀少性或丰裕程度而定的。所以，看来需要选定其他更适宜作为价值尺度的东西，我选择劳动。

白银的价值和其他物品一样，也可以用劳动来衡量。假定一个人种植谷物，同时，另一个人在采掘和提炼白银，到了年终或任何别的一段时间，谷物的全部产量和白银的全部产量，互为自然价格。如果谷物是 20 蒲式耳，白银是 20 盎司，那么 1 盎司白银的价值，就相当于种植 1 蒲式耳谷物的劳动。假如现在由于发现一些较近的、较易开采的或丰富的矿藏，一个人生产 40 盎司白银，和他以前生产 20 盎司一样容易，而种植 20 蒲式耳谷物仍然需要同样的劳动，那么 2 盎司白银的价值不过是种植 1 蒲式耳谷物的同等劳动，1 蒲式耳谷物售价 2 盎司白银，就像从前售价 1 盎司一样便宜；假定其他情况不变。

因此，一国的财富是由它的居民所能购买的劳动量，而不是由他们拥有的黄金和白银量来估价的。金银能购买多少劳动，因而具有多少价值,如上所述,是依它的稀少性或丰裕程度而定的。自从发现美洲以来,由于贵金属在欧洲已经变得更加充裕,以致它的价值大幅度地降低了。例如,在英格兰,从前 1 便士白银值一天的劳动,而现在仅值六分之一天的劳动,因为在王国的任何地区要购买一个人一天的劳动不能少于 6 便士。这种情况,完全归因于英格兰现在比从前拥有非常充足的货币。然而,英格兰现在实际上可能还没有那个时候富裕,因为购买同样多的劳动或几乎任何种类的制造品,当时付 100 镑,现在就需要或者说值 600 镑。

其次,我们来考察发行(就像目前在汉堡、阿姆斯特丹、伦敦和威尼斯所使用的)信用票据的银行性质。

那些地方是大宗贸易的中心,大量金额支付频繁,信用票据在商业中是非常方便的。因为大量金额更容易用它来结算,它运输轻便,可以藏匿于斗室,因而转输或贮存比较安全,还由于其他许多原因,它们是非常受重视的。银行是那些城市中及其附近的一切绅士、商人和大贸易家的总出纳员。他们把他们的货币存放在银行,可以拿到一个等值的票据,他们凭此票据能够有把握的于任何时候再向银行提取货币,这就赋予票据以信用。因此,在英格兰,它们的价值从来不比货币低,在威尼斯和阿姆斯特丹,它们的价值通常还更高一些。银行家总得要储备货币,以应付超过正常提款的需求(与另一个人提取的同时,一些人不断地存入),而且他们还能够凭可靠的抵押品将大量款项借给政府或其他人士,以取得适当的利润,作为他们管理和辛劳的报酬。因此,货币可以再流通于人民中间,否则,就会呆滞在他们手中。这样,国家的流动现金可以说是过去的双倍了。由于一切大量的支付用票据来完成,货币在低级贸易中变得更加充足，这对于贸易国是极其有利的，那就不必过多储备黄金和白银了。

正如在欧洲从银行提取票据的人，要存入货币做抵押一样，而在本省和邻省的一些地区，我们是用土地来担保。这些办法将最有效地保证票据不致受到价值实际下降的危害。下面就来研究这个问题。

一般说来，贸易无非是劳动同劳动相交换，正像我在前面已经说过的，一切物品的价值用劳动来衡量是最公正的。现在，假定我们把货币存入银行，而按照它的价值领取一张票据。如果这个票据在我拿到它的时候，能为我购买 100 个人二十天的劳动；但是，若干时日以后，只能购买 100 个人十五天的劳动。这表明票据的价值已经降低了四分之一。白银和黄金没有恒久的价值，当这种票据以货币作基金时，就要像货币一样来估价它。票据下降的原因，可能是黄金和白银的大量增长，因而货币比以前减少四分之一的价值，所以，为购买同样数量的劳动，就得要多付四分之一。如果不是土地大致比例于人口的减少而变得更加充足，要购买同样数量的土地就得多付四分之一的货币。由此看来，我用货币购买土地，把土地抵押给银行，比把货币存入银行取得一张票据，更有利可图。的确，在过去的几个世纪中，英格兰货币的价值在持续地下降，因为它的数量不断地增加。但是，如果在欧洲能够用土地做抵押，从银行领取票据，很可能这种票据的价值更加可靠和稳定，因为那些国家的居民人数世世代代几乎没有什么变化。

正如以货币做抵押发行的票据是货币一样，以土地做抵押发行的票据，实际上就是土地的货币化(Coined Land)。

因此(把上述道理应用于我们自己的环境),如果本省的土地在下降,或无论如何也要下降,立法机关应该十分慎重地设法防止用土地作抵押发行的票据随土地下降而跌价。但是,我们的人民大大地增加了,正如我先前曾经说过的,由于我们增发大量货币的促进,它还会进一步增长。结果是土地继续上涨,在除非以土地做抵押就不会发行票据的情况下,在每个地区如期地强制实行了货币法令,要求及时地和严格地支付本金和利息。而本金依照法律确实降低了,但要使这种票据永远降低到它们的原始价值以下,或降低到作为它们的基金的土地价值以下,那是绝对不可能的。总之,它们下降的危险是非常小的;要不是采取适当措施限制了它们的发行,当土地上涨时,它们就一定上涨。也就是说,根据可以作为支付手段的法令规定,不是用那种票据,就是用由本省立法机关的某一法令规定的任何其他票据,作为通用的票据。普遍认为,利息可以再支付用以清偿公共债务,辗转流通又流回借款人的手里,并且变成他们将来支付款项中的一部分。因此,支付给营业所的票据,将不会有什么困难,以此可以阻止它们上涨到它们的原始价值以上。此外,假定按照抵押土地的现有的十足价值发行票据,就如同把储蓄在欧洲银行中具有十足价值的货币,以票据形式发行出来一样;假定营业所只愿意以等量金额的票据偿还土地,就如同银行为了从外面接受货币,必须拿出他们的等量金额的票据一样。在这种情况下,当土地腾贵时,票据的价值一定要最大限度的上涨;当货币跌落时,以货币为基金的银行票据一定要下降。假定我把现在价值 100 镑白银的一块土地抵押给贷款处或银行,从而取得同等金额的票据,在若干年的期限届满时再付还。在到期以前,我的土地价值上涨，值150镑白银了。这表明，假如我不掌握这些票据，而贷款处又只收这些票据，要不就得转换成现在它所值的白银赎回我的土地。我以为，看来是清楚的，持有者手中的那些票据现在值150镑白银，假如我为了赎回我的土地，能用较小的价钱买到它们，我将由于获利很多而成为赢利者。

我无须讲什么细节，让人们信服这个明断：尽管票据和白银之间已经有了某些差额，可是我们的票据尚未降价。因为那个差额，显然是由于白银稀少而引起的，现在，白银已变成商品，其上涨和下跌，与其他商品一样，取决于对它的需求大小，或它充裕程度的不同。

为了对货币价值进行确实的估价，我们还必须进一步把商品化了的条状金银货币，和经过铸造而成为通货的货币加以区别。因为它作为商品的价值，和它作为通货的价值是两宗不同的东西；每一方在某种程度上可能的上升或下降，不依赖于另一方。因此，如果一国的条状金银数量增加了，它的价值将按比例地减少；不过，要是当时流通的硬币减少了，那么（假定条状金银不作为支付手段）所有作为通货的硬币价值就要提高，那就意味着人们要挣得一定金额的现款，就得为制造业提供更多的劳动。

我们必须用同样的方法来考察以土地为基金的纸币；当它作为土地和当它作为通货时的情形：

货币作为条状金银或土地，是由获得那条状金银或土地所花费的劳动量来估价的。

货币作为通货由于在商品交换中节省了时间和劳动，而具有附加价值。

如果它作为通货节省了国家四分之一的时间和劳动，因此，就在它原有的价值上附加四分之一。

当一个国家没有货币时，一切贸易必须物物交换。假如拿一国的四分之一时间和劳动，去交换或者取得他们交换来的商品，那么，计算它们的价值时，必须把交换中的劳动加到制造那些商品的劳动中去。但是，如果由于使用的货币充足而节省了那么多时间和劳动，就可以减去由于交换中的劳动而计入的附加价值，货物则仅按生产它们的劳动的价值销售。因为人们在同样时间内，他们现在比从前能够多生产四分之一的产品。

从这些考察中可以得出结论：在一个国家从没有货币到有足够贸易需要的货币之间的全部阶梯上，作为通货，它的价值将与它的数量减少或增加成比例地上升和下降。如果某个时期过多了，多余部分用来作为通货是没有效用的；作为通货，它的价值比它刚刚够用时要小。因为这些多余的货币不会用于贸易，而是被转用在别的方面。

如果我们要研究用这些票据贷款应该要求多么高的利息率，我们就必须考察什么是高利率的自然标准。看来，在安全可靠的地方，它至少相当于用贷款能购买到的那么多土地所带来的租金。不能期望任何人贷放出去的货币所取得的利息，比他把货币投资于世界上最保险的财产——土地，收得的租金还少。但是，如果安全是不可靠的，那么保险金一类的东西必定和单纯的自然利息交织在一起，可以很正当地把高利提升到低于本金自身的任何高度。现在，我们这里，如果说土地价值等于二十年租金，在安全可靠的情况下，5%就是贷放货币的正当利息率。然而，一个国家的货币变得稀缺，筹款困难，人们更难以按时偿还他们的借款；同时，营业因货币缺乏受到阻碍，贸易是令人沮丧的，富裕的人必定会陷于衰落的境地，就这个意义来说，安全比在货币充足的地方更不可靠。基于这样的理由，如果人们为他们的货币索取大于自然利息的利息，是没有什么可惊异的。上述利息被看做是付与那些没有安全保证的一种或多或少的保险金。因此，我们总认为，货币缺乏的地方，利息就高；货币充足的地方，利息就低。我曾经指出过，维持尽可能低的利息，肯定是有利于国家的。要能做到这一点，只有保持充足的货币。既然贷款处在我们中间发行纸币，持有最好的保证金，即经过十分巧妙而严格地审查和确定的土地所有权；并且只允许人们按照法律，把他们自己的土地货币化；它不花费政府任何东西，那么用利息来支付印刷费、办事员的酬金等是绰绰有余的。我看不出有什么充足理由，给贷款处4%的利息，还不认为完全够用。由于低利息可以使更多的人想要提取货币，它在贸易中将变得更加充足。这可以把通常的高利，在安全没有把握的情况下，压低到由法律限定的高度。

如果反对的理由是，在如此低的利息和这样宽厚的条件下发行货币，将会使发出的货币超过国家贸易的实际需要。可以回答说，正如已经指出的，永远不会发行那么多货币，以至于使它跌落在作为它的基金的土地以下。因为，当人们取得的价值超不过他的抵押品的价值时，尤其是他拿到的东西比他的抵押品更靠不住时，就像纸币与土地相比较那样，任何一个有理智的人都不愿意抵押他的地产。如果那些轻率的人继续不断地发放大量的过多的货币，使它变得比以往任何时候都更充足，超过了贸易的需要，以致使人们想象，它的价值会变得比他们抵押的土地还小，自然他们就要立刻开始再把货币偿还贷款处，赎回他们的土地。而且要继续这样做下去，直到贸易中剩下的数量不超过绝对的必需量。这样，(尽管贷款处贷放出去的有百万之多)而无须给任何人增添计算上的麻烦，就会出现平衡。

人们可能提出，如果本省的人口增加，种植业随着进一步发展，我们将以我们过剩的花卉产品等等供应市场作为理由，反对我写的关于大量增发我们的货币的好处。对此，可以回答说，我们永远不会有过多的人口(也不会有过多的货币)，因为当某一贸易部门或行业人手过剩时，剩余的人就会被别的部门雇佣。假如种植的小麦滞销，多余的人就可以(如果有货币资助和继续发展新兴制造业)进行大麻、丝的种植和加工，铁的开采和制造，以及国家完全有能力生产的其他许多物品。我们只需要人民为这些部门工作，并用货币支付他们工资。

总之，可以认为，经常保持充足的货币是贸易国的最高利益，它不会给任何一个有简单设想的人带来不利。它甚至不会损害高利贷者，尽管有可能降低他们得到利息。因为他们的贷款将相应地更加安全，或者他们会有机会利用他们的货币，不仅为他们自己，而且为国家谋取最大的利益。它也不会损害那些在国内有大量未偿付债务的商人，看来他们为之担心的最真实的理由，就是大量增发我们的货币，将会增加我们出口产品的需求，从而提高其价格，以至在货币如此增发以后，他们将来用他们得到的100镑买不到，像现在没有增发货币时，他们能够和可以买到的那么多面包和花卉。我认为，连这样一些人也不会受到损害，当货币变得比较充足时，他们将容易而迅速地恰好按照精确的比例收回他们的贷款。所以，考虑到利息和省去的麻烦，他们是不会遭受损失的。因为随着货币量的增加，货币的价值将相应降低。如前所述，货币量的增加不会损害英国的利益；反而将大大增进业主的利益。它将有利于每一个勤劳的商人，因为他可以更自由地经营他的企业，从而使贸易普遍地活跃起来。当一切制造业中更多的企业这样做了的时候，由于在交换中节省了那么多的时间和劳动，国家通常也会在同等程度上更加富裕起来。

反对新英格兰和南卡罗来纳票据的过度下跌，是没有什么效果的，很明显，除非像我们一样采取谨慎的态度和根据这种可靠的保证金，发行他们的货币；而肯定事情是不会这样做的。

鉴于这篇论文是仓促写成和发表的，而问题本身又复杂；由于没有时间仔细修订我写的这篇东西，要是我在一些地方把自己的意思表达得晦涩难懂，我希望对我进行坦率地批评；在我缺乏预见性的另一些地方，我应该受到责难。我真诚地渴望探求真理，因此，我要感激任何一位尽心地给我指出或公之于众，在我的结论中那一点是错误的人。我们都知道，我们当中一些才华出众和学识渊博的先生们，极力反对我们增发任何数量的货币，他们试图用已出版的这本小册子开头部分提到的他们那些意见造福于国家。由真理和充足理由支持的那些论点，很可能是非常有说服力的。毋宁说这是人们的愿望，因为许多人了解那些先生们管理好事业的才能，易于把他们在这个问题上的缄默，看做是一种恶意。那一类的事情到底还是出现了，也许我不该让公众产生这种烦恼。但是，当那些先生们还没有（我怀疑永远不会）考虑到，值得他们关心的是，在这个特定问题上，去启迪他们走入歧途的同胞们的心灵时，我认为，应该高度赞扬我们当中的每一个人，他们专心致志地研究什么是宾夕法尼亚的真正利益。因此，使我们不仅能够中肯地互相讨论，而且，如果需要的话，要在国内宣传这种条理清晰的说明，以至于必定会使我们的长辈信服我们的设想是明智和完善的。

（译自雷·威·拉巴利编：《富兰克林全集》第1卷，耶鲁大学1959年版，第139—157页。）

关于人类增长的观察报告

（1751 年）

1. 基于对人口稠密城市的死亡人数、婴儿命名仪式等报表的观察，而编制的结婚与出生、死亡与出生、结婚与居民人数等比例表，不适合于乡村；基于对欧洲住满人的古老乡村的观察，而编制的表格，也不适合于美洲新兴的村落。

2. 人口增长与结婚人数成比例，而结婚的人数大多是与供养家庭容易和方便相一致的。如果养家活口容易，较多的人很早就要结婚。

3. 在一切商业、职业和公职都达到饱和的城市，许多人推迟了结婚，直到他们知道怎样去取得供养家庭的费用为止。城市中的家庭费用是很大的，当奢侈品成为更普通的东西时，许多人终生过着独身生活，依旧做家庭的仆人，商业的雇员等等。因此城市不能靠自然生育来补充它们本身的居民；死亡超过出生。

4. 在住满人的乡村，几乎是同样的情况。因为一切土地都被占有并得到高度利用，那些没有土地的人必然要为其他占有土地的人做工。当劳动者充足时，他们的工资总是低廉的；用低廉的工资维持一家人的生活有困难；这种困难阻止了许多人结婚，所以他们长时期依旧是佣人和单身汉。只有当城市由乡村补充人口，并因此在乡村留下更多一点的生活余地时，那里的结婚会进一步得到鼓励，出生超过死亡。

5. 一般说来，欧洲是完全由农民、制造者等居住着，因此，现在人口不可能有很大增长。美洲主要由印第安人占据着，他们大多数以狩猎为生。而且在所有的人当中，狩猎者获取维持生活的物品所需要的土地数量最大(农民维持生活需要的土地较少，园艺工人则更少，制造者需要的土地最少)。欧洲人发现狩猎者尽其所能地遍布于美洲；然而容易诱使他们这些拥有广阔区域的狩猎者放弃部分领土给新来的移民，他们不会对本地人的狩猎有多大妨碍，并且还能供应他们所缺少的许多物品。

6. 在美洲，土地是如此之多，而又那样便宜，以至熟悉耕作的劳动者能在短期内积累起充足的货币，去购买一块足够种植的新土地，可以靠它维持一家人的生活。在这种情况下，人们是不畏惧结婚的。因为他们甚至充分地预计到如何供养他们的已经成年的孩子，考虑到所有的情况，认为取得更多的土地也同样容易。

7. 所以，结婚在美洲比欧洲更为普遍，并且通常更早一些。如果估计一下，欧洲每年100人中只有1人结婚，或许我们可以估计美洲则有2人。如果在欧洲一对夫妇只生4个孩子(他们许多人是晚婚的)；在这里，我们估计是8个孩子，假如其中有一半长大成人，而我们完婚的年龄估计平均为20岁，那么我们的人口至少每二十年增加1倍。

8. 尽管人口是这样的增长，如此辽阔的北美领土，需要很长时期才能住满人。直到完全住满为止，这里的劳动决不会便宜；没有人会长期继续做一名雇工，而是为自己搞到一块新开地；没有人会长期继续做一名商业雇员，而是要进入那些新移民的行列，创立他自己的事业等等。所以，在宾夕法尼亚，尽管有成千上万的劳动人民已经移入境内，可是现在的劳动与三十年前相比较并不便宜。

9. 因此，这些殖民地在依靠劳动、制造品等进行的贸易中，妨碍它们母国的危险性太小了，以致不需要英国予以关注。

10. 而且对英国制造品的极大需求，与殖民地的扩展成比例地增长着。外国人无法干扰完全在英国势力范围之内的繁荣市场。这种需求在短时期内将扩大到甚至超过英国的供给能力，尽管她的全部贸易可能都面向她的殖民地。因此，英国不应过多地限制她的殖民地内的制造业。一个聪慧而善良的母亲是不会这样做的。贫困就是衰弱，而使孩子衰弱，就是削弱整个家庭。

11. 此外，假如英国制造品（由于美洲需求的缘故）的价格抬得太高，能够廉价销售商品的外国人将把英国商人驱逐出国外市场。外国的制造业会由此得到鼓励和增进，其结果外国（也许她的竞争者当权）逐渐变得人口更加稠密和力量更加强大。然而英国自己的殖民地太虚弱，无力帮助她，或增强她的力量。

12. 认为美洲使用奴隶劳动可能在制造品价格低廉方面同英国竞争，这是一种缺乏根据的看法。这里的奴隶劳动决不会像英国工人的劳动那样便宜。任何人都可以计算出来，在殖民地货币的利息是6%至10%；奴隶平均每个值30英镑。那么估算一下，第一次购买奴隶的利息，他生命的保险费或保险金，他的衣服或饮食，他疾病的开支和时间的浪费，由于他玩忽职守带来的损失（对于不能因自己的细心或勤奋而受益的人来说，漫不经心是自然的），监督他劳动的监工的费用；以及他不时地小偷小摸。几乎每个奴隶按其本性来说都是小偷。如果拿这个总额同英格兰的铁业或羊毛业工人的工资相比较，你就会发现那里的劳动比这里的黑人任何时候可能进行的劳动要便宜得多。那么美洲人为什么要购买奴隶呢？因为人们愿意将奴隶保持多久就可以保持多久，或者需要他们劳动多长时间就可以劳动多长时间。可是雇佣工人却不断地（时常是在他营业的中途）脱离他们的主人，并且创立他们自己的事业。（见§8）

13. 由于人口增长取决于对结婚的鼓励，下列情况必然会削弱一个民族，即：（1）被征服地区。征服者将独占所有的公职，并尽量地向被征服的劳动者勒索大量贡金或收益，以便征服者能在他们所建立的机构中供养自己；而这样减缩了的土著居民的生计，阻碍了他们的婚姻，因此他们的人口逐渐减少，可是外国人却在增加。（2）丧失领土。例如，布里顿人被驱赶逃入威尔士，并拥挤在这个不能供养那么多人员的贫瘠国家里，它的人口在减少，一直到与生产物成比例为止；然而，撒克逊人却在他们富饶的土地上繁殖起来，直到这个岛屿布满了英吉利人。假如现在英吉利人被一些外民族赶到威尔士，那么几年以后在不列颠的英吉利人将不会比目前在威尔士的人多。（3）失去贸易。输出制造品，从外国为居民购进维持生活的物品，从而使他们能够结婚和养育子女。如果国家丧失无论哪一个贸易部门，而又不能为在那个部门供职的人员找到新的职业，不久也就会失去这么多的人口。（4）丧失食物。假如一个国家有渔业，不仅能够雇用一大批人，而且能为人们提供廉价的食物和维持生活的物品。如果另一个国家变成海上霸主，并且禁止捕鱼，人口将与失掉的职业成比例的减少，同时粮食价格昂贵，使他们赡养家庭更加困难，（5）腐败的政府和无保障的财产权。

人们不仅要脱离这样的国家，移居国外，加入别的国家，放弃他们本民族的语言，变成外国人，而且留在国内的那些人的日常劳动，也会受到阻碍，困难重重。国内维持生活的物品的数量减少了，赡养家庭变得愈加困难。极沉重的赋税导致人口减少。(6)输入奴隶。把黑人运进英属产糖的岛屿，大大地减少了那里的白人。这样一来，穷人丧失了职业，同时少数家庭却获得了巨额财产。他们花钱购买外国的奢侈品，并教育他们的孩子习惯于那种奢侈生活。供养一个人所需要的同等收入，可以养活 100 人。占有奴隶而不劳动的白人身体衰弱了，所以一般生育不多。奴隶劳动异常艰苦，饮食恶劣，他们的体质被损坏了，他们的死亡超过出生，以致需要由非洲不断地予以补充。拥有少量奴隶的北部殖民地的白人增加了。奴隶们也仇视役使他们的家庭；白孩子日益骄横，厌恶劳动，游手好闲，没有能力靠勤劳谋生。

14. 如果获得了新领土的君主，发现土地是空闲的，或许驱逐土著居民，为他自己的人民提供空间；立法者制定有效的法律，以促进贸易；增加职业；采用更多或更好的耕作方法改良土地；让渔业提供更多的食物；保障财产权等等。因此，这位君主和开创新贸易，发明新技术或制造品，或在种植业方面有新改良的人，可以恰当地称之为他们的国父。因为他们是大量生育的推动者，人们在这种鼓励下有能力结婚。

15. 至于给已婚者以优惠待遇(例如罗马人中的“子女特权”[①])，

① Justrium Liberoum(拉丁文)系指罗马帝国时期，有 3 个法定子女的人所享受的一种特权。允许生育 3 个孩子的母亲佩戴圣带(Stola)，以示区别。她们可以免受监护，享有对其子女的继承权，并授予其他的市民权。——译者

他们可以迅速地使由于战争和瘟疫而人口变得稀少的国家,或者尚有空闲领土的国家的人口充实起来。但是,人口的增长不能超过供养他们的生活资料。

16. 一个国家输入和消费外国的奢侈品和非必需品,根据上述的推理,会使供应奢侈品的国家的人口增加,消费奢侈品的国家的人口减少。因此,为禁止输入这种物品的法律,和相反地,促进输出外国所消费的制造品的法律,可以称之为(就制造它们的人民来说)生育法。因为维持生活物品的增长,鼓励了他们结婚。由于它自己的人口的增加和它邻国人口的减少,上述法律也双倍地增强了国家。

17. 一些欧洲国家精明地拒绝消费东印度的制造品。他们也禁止把它们输往他们的殖民地。因为商人所获得的利益,是不能与采取这种方法而招致国家人口方面的损失相比拟的。

18. 总之,国内的奢侈品,增加了该行业所雇佣的人数众多的本国的制造者,而且反而有助于减缩为数极少的纵情奢侈的家庭。任何阶层人民的普遍流行的花费愈大,他们对结婚就愈谨慎。因此,决不能容许奢侈成为普遍的风尚。

19. 个别家庭的子孙后代大量增长,并不总是由于较强的自然生育力,而有时首先是勤奋的榜样和勤劳的教育,这使孩子们能够为他们自己提供良好的生计:预期的美好生活鼓励他们早婚。

20. 所以,假如我国有一个教派,把节俭和勤劳视为宗教的本分,并且以此教育他们的孩子,胜过其他教派通常进行的教育。结果这个教派一定会由于自然生育而壮大,超过英国的任何其他教派。

21. 把外国人移植到一个公民与就业机会和维持生活的口粮相适应的国家里，终归不会使人口增加；除非新移民比本地人更勤劳和节俭，而且他们能提供更多的维持生活的物品，并在国内繁殖；但是，他们将逐渐地排挤掉本地人。也不需要引进外国人填充国内任何职业的空缺，因为这种空缺（如果法律是完善的，见§14、16）不久将由自然生育补充起来。谁现在还能找得到，由于四十年前英雄主义的祸害在瑞典、法国和其他尚武的国家里所造成的空缺呢？又有谁还能找得到，由于驱逐新教徒在法国；由于开拓殖民地在英国；或者由于百年来奴隶出口使半个美洲变黑了的几内亚，所造成的空缺呢？西班牙居民的稀少，应归因于民族的骄横和怠惰，以及其他原因，而不是由于驱逐摩尔人或开拓新殖民地所造成的结果。

22. 简言之，植物或动物的多育性是无止境的，但是，其繁殖是由它们彼此争夺和互相妨害的生活资料所制约的。如果地表缺少其他植物，可以逐步地播种一种植物覆盖它，例如用茴香；如果缺少其他居民，在若干年以后，可以仅由一个民族来补充起来，例如用英国人。现在，在北美洲的英国人应该有百万以上（尽管据认为已经运过海来的不足 8 万人），这在英国或许并非少数，而宁可说是相当多的，因为殖民地为国内制造者提供了就业机会。假定只要二十五年这 100 万人就增加 1 倍，在下一个世纪将超过英格兰的人口，并且绝大多数英国人将在大洋的这一边。英帝国借助于海洋和陆地增加了多大力量啊！贸易和航运增长了多少啊！船舶和海员何其多呀！我们来到这里仅仅一百多年，然而在上次的战争中，我们联合起来的武装民船的力量，在人员和武器两方面，比伊丽莎白女王时代整个英国海军的力量还要大。当时划定她的殖民地和法国之间的边界的现行条约，对英国是多么重要的事件呀。既然她的人民如此大量地增长要依赖于空间，她应该如何小心地去获得足够的空间呢？

23. 最后，一个治理得很好的国家，如同一条水螅，断其一肢，不久那个位置就被补充起来；把它一分为二，每一段残缺部分将迅速地从剩下的部分生长出来。这样，如果你有足够的空间和维持生活的物品，就像你可以用分割的办法把一条水螅截成十条一样，你可以把一个国家分成十个具有人口一样稠密和实力同等强大的国家；更确切地说，使一个国家在人口和实力方面增加 10 倍。

既然从英国送住美洲的英吉利分遣队，他们在国内的位置很快就被补充了，而在这里也大量地增长了，为什么要容忍帕拉蒂纳特农民[①]蜂拥进入我们的殖民地，并集中在一起，使用他们的语言和建立他们的生活方式，而排斥我们的呢？为什么英吉利人发现的宾夕法尼亚却变成了外国人的殖民地，他们不久就将我们为数众多的人德意志化，而不是我们把他们英国化，他们永远不会采用我们的语言或习惯，他们更不能获得我们的气质。

24. 这导致我补充一条述评：纯粹白人的数量在世界范围内所占比例是非常小的。整个非洲是黑色或黄褐色人种。亚洲主要是黄褐色。美洲（除新移民外）全部如此。在欧洲，西班牙人、意大利人、法兰西人、俄罗斯人和瑞典人一般是黝黑肤色；德意志人也

① Palatinate 中世纪德意志帝国内的一个大公国。1689 年，由于遭受败退的法国军队的劫掠，田园荒芜。因而，掀起了德意志海外移民的第一次浪潮。宾夕法尼亚早期的德意志移民大多数来自帕拉蒂纳特。——译者

是如此，只有撒克逊人例外，他们同英吉利人构成地球上白人的主体。我希望他们的人数增加。由于清除了美洲的森林，我们——可以说是——冲刷着我们的星球，以致使我们地球的这一边的明亮的光线，反射到火星或金星上居民的眼睛里。为什么在上帝看来必须使我们的人民变黑呢？在美洲由于排斥一切黑色和褐色人种，使我们有如此良好的时机以增加秀丽的白种人和红种人，为什么移殖到美洲来的非洲人后裔却增加了呢？或许我是偏袒我国的肤色，因为这种偏爱是人类的天性。

（译自雷·威·拉巴利编：《富兰克林全集》第5卷，耶鲁大学1959年版，第225—234页。）

关于美洲纸币的评论与事实

（1764 年）

1764 年 2 月 9 日商务部的报告中，关于制止在美洲发行作法定货币的信用票据，提出了如下的理由：

1. “纸币把黄金和白银驱逐出省，就像每个殖民地在很大程度上业经实践的经验所表明的那样，严重地损害了国家。”

2. “到美洲来贸易的商人为此已经遭受损失并赔了钱。”

3. “在新英格兰，限制已经产生了有益的效果。”

4. “每种交换媒介应该具有内在价值，纸币则没有。所以黄金和白银最适宜做这种媒介，以致它们能成为一种等价物，而纸币决不能充当等价物。”

5. “议会中的债务人怀着欺骗性的意图发行纸币。”

6. “在纸币保持最佳信用的中部殖民地，钞票在流通中从来未能保持它们的票面价值，而是每当其数量增加时，就常常有一定程度的贬值。”

现在按照它们的顺序来考虑这些理由。

第一，“纸币把黄金和白银驱逐出省，就像每个殖民地在很大程度上业经实践的经验所表明的那样，严重地损害了国家”。纸币会严重地损害国家的看法，似乎纯粹是臆测的，要不然就是根据对事实的错误报告做出的结论。事实真相是他们同英国的贸易有很大逆差，要拿出黄金和白银去支付那个逆差；于是，在贸易上就需要相当数量的交换媒介，这导致了不能带走的纸币的发行。因此，如果说运走全部黄金和白银会严重地损害国家，那么每个殖民地在发行纸币以前，就已经遭受到严重的损害。可是，殖民地非但没有因发行纸币而破产，那些使用纸币的殖民地都已经出现并正在呈现着一派繁荣的景象。因为他们的居民人数，自然还有他们的贸易已经增长，所以欠英国的债务也确实增加了。一切贸易总有一部分未偿付的债务，要到期支付，与负新债的同时，债务的比例自然随着贸易的增长而增加。但是，殖民地财产的增进和增长都大大地超过了它们的债务。

尤其是新英格兰，于 1696 年（大约是他们开始使用纸币的时候），在它的 4 个省，只有 130 位教会成员或教徒，1760 年他们有 530 人。那里的农庄和建筑物的数量与人口数量成比例地增加了。而 1750 年，在实行限制以前，英国输出给他们的货物几乎是他们使用纸币以前的 5 倍。宾夕法尼亚在发行纸币以前，它的黄金和白银全部被夺走了；尽管他们和邻近的殖民地一样，不时地约言赋予金银铸币以愈来愈高的票面价值，希望把货币引入本省并保留它供省内使用。在初步实行的时候，白银逐渐达到每盎司 8 先令 9 便士，而英国克朗[①]在发行纸币以前很长时间索价 6、7 或 8 先令硬币。但是，这种增大票面价值的做法没有达到目的。贸易差额带走黄金和白银，就像把它们带来时

① 克朗（Crown）当时英国的银币，值 5 先令。——译者

一样的迅速，商人们依照增大了的货币票面价值相应的提高他们的货物价格。因而缺乏现金的困难非常严重，大部分贸易是以极不方便的物物交换方式进行的。1723 年，当纸币首次在那里发行时，它就赋予企业以新的生命力，大大地促进了新大陆的殖民（由于用分期付款的形式，把小额款项以优惠的利息贷给创业者），因此，这个省的居民大量地增加了，从那时以后，现在向那里的出口是当时的 10 倍多。他们同外国殖民地贸易能够挣得大量的黄金和白银，作为本国制造品的报偿汇寄到这里。纽约和新泽西在同一时期使用的纸币也增加了很多。因此，纸币并不具有破坏性的本质。如果那些国家的居民愿意在他们之间用纸币向邻国汇款，就可以把同外国人贸易所赚得的黄金和白银节省下来，人们预期，在接受汇款的国家不会有人反对他们用这里发行的纸币付款。

第二个理由是"到美洲来贸易的商人由于纸币而遭受损失并赔了钱。"这是在特定的时间和地点，所可能发生的特殊事例。例如，大约五十八年以前，在南卡罗来纳，认为殖民地有被印第安人和西班牙人毁坏的危险；害怕在那里丧失他们的全部财物，要求迅速汇款的英国商人，以及要把贵重物品存放到安全国家去的居民们，愿意出任何价格用纸币购买汇票。因此，纸币与汇票、产品或适宜出口的其他财物相比较立刻大大地贬值了。

长期以来，那个省政府的不稳定状态，也是其纸币贬值的一个因素。但是，自从那种危险过去以后，殖民地由王国政府掌管，它们的通货成为固定的，并且一直保持到今天。还有新英格兰，那时为了支付征服路易斯贝格的远征军的费用，纸币的发行量极大地超过了交换媒介的需要量；弗吉尼亚和北卡罗来纳在最近的战争期间发行了大量金额以支付殖民军；并且战争使烟草[①]由于昂贵的运输费和保险金而成为一种相当蹩脚的汇款。在上述情况下，同那些殖民地进行贸易的商人，有时可能由于兑换率突然地和出乎意料地上涨而受损失。但是他们很少由于缓慢和逐渐地上涨而遭损害，因为货物是按照相应的价格出售的。不过，战争是一切国家的共同灾难，和它们进行贸易的商人，由于公共信用受到影响，有时不免要遭受一部分损失。然而，他们还是希望以后同那些殖民地贸易的利润，会使他们得到某些补偿。而到中部殖民地（纽约、新泽西和宾夕法尼亚）进行贸易的商人，从来没有因为兑换率的任何上涨受到损失。在那里从来就有一条经久不变的规则：英国的债务应在英国支付，但是，不能用与购买一张汇票要花费的足值英镑总额相当的纸币来偿还（无论汇率高低如何）。相反地，商人们在那些殖民地由于使用纸币而成为最大的获利者；因为他们运去大量货物，而买主能更及时地支付他们。那里的人民没有抱怨纸币作为法定货币给他们带来什么损失；他们倒是感受到它的好处，并且祈求准许他们这样做。

第三个理由是“在新英格兰，限制已经产生了有益的效果”。在新英格兰的特定环境里，各殖民地发行纸币的必要性和适用性都比较小。他们拥有很大而有价值的鲸鱼和鳕鱼等水产业，依靠

① 十七世纪，在弗吉尼亚，烟草作为交换媒介，是法定货币。税款、债务和部长们的薪金都用烟草支付。——译者

它能够赚取大量汇款。它们是4个不同的政府，[①]但是，互相贸易往来频繁，每个殖民地的货币常常在4个殖民地流通。但是，这全部共同使用的通货没有统一的管理，在它们之间很难保持应有的界限。一个殖民地在发行纸币中的审慎储备，由于另一个殖民地发行过量而变得没有效用。马萨诸塞没有因此对限制表示不满，尽管它既限制了他们的邻邦又限制了他们自己，或许他们并不想要废除这项法令。他们尚未由此感到多么大的不方便，因为，为了偿付他们攻打路易斯贝格的费用，从英国运来巨额的白银，使他们有可能取消他们的纸币。他们用鱼从葡萄牙换来黄金，为他们提供了通货，直到最近的战争，仍然为他们和全美洲提供汇票，因此很少需要作汇款用的现金。他们的渔业也为他们提供西班牙、葡萄牙和英国的汇款。这种情况使他们能够更容易地将黄金和白银保留在他们国内。中部殖民地没有这种利益。在弗吉尼亚和马里兰，他们也没有达到同样目的的烟草。各殖民地的环境是如此的不同，以致对个别或少数殖民地不适合的法规，对其余的殖民地可能非常适宜。在新英格兰，至少是它的某一省份，由于缺乏通货，现在的支付能力变得如此之差，以致那里的贸易目前是很令人沮丧的。

第四个理由是“每种交换媒介都应该具有内在价值，纸币则没有。所以，黄金和白银最适宜作这种媒介，以致它们能成为一种等价物，而纸币决不能充当等价物”。无论如何，可以使一种特殊物

① 新英格兰是新罕布什尔、马萨诸塞、康涅狄格和罗得岛4块殖民地的统称。前二者是英王直辖殖民地；后二者是自治殖民地。因为殖民地类型不同，殖民地政府组织也有差异。——译者

品适用于一种特定的目的，在那种东西不存在或者没有足够数量的地方，就需要用另外一些能够找到的最合适的东西代替它。黄金和白银不是北美的产物，那里没有这种矿藏。带到那里来的金银，不能在那里保持足够充当通货的数量。英国这个伟大的独立国家，当它的居民渐渐变得酷爱会诱走它的货币的昂贵的外国奢侈品时，能够并常常制定阻止或禁止这种货物进口的法律；采用这种方法，可能会保住它的现金。

殖民地是依附性的政府。它们的人民自然十分尊敬他们的宗主国，并因此异常爱好它的风尚、制造品和奢侈品，任何省的法律都不能制止人们购买那些物品。因为，即使制定了这样的法律，由于有损于英国的贸易和利益，定会立刻被就地废除。从他们那里拿走他们的全部真正货币，同时又拒绝授予他们使用纸币来代替它的有限权利，看来是不易办到的。银行票据和银行钞票在这里天天用做交换媒介，或许在大宗交易中的大部分是依靠它们进行的。然而它们没有内在价值，而是由它们的发行者的信用支撑着，就像殖民地的纸币由各自政府的信用在那里支撑着一样。他们的见票即由发票人支付现金的票据，的确未能照顾到殖民地的票据情况。正是由于上述原因，英国的贸易从他们那里夺走了他们的现金。但是，代替它的法定货币反而对于持有人有很大的好处，从此他省去了向特定的银行或银行家那里索取货币，或寻找（不论在省内什么地方人们都需要用钱）受票人的麻烦。因此，一般认为，在省内每个人必须使用的货币，甚至在省外的人也不得不使用它，在邻国中赋予票据的信用，几乎与它在国内的信用相等。在这里（英国）要是没有尽可能地限制或禁止一切看来要赔钱的贸易的法

律，这个国家的现金很快就会被输出国外了。每个需要汇款的商人，就要用他手中的全部票据向银行挤兑，并且为了上述目的提取他的那部分金银财宝。因此，在短期内，银行就会和殖民地金库现在的支付能力一样，不能见票立即用货币支付票据。倘若政府以后需要维持银行的信用，就必须使它的票据成为法定货币。可是得用税款作它们的基金，借此可以及时地偿付票据，如同在殖民地通常所做的那样。

目前，甚至英国的银币也不得不代表它价值的那一部分——即它的实际重量与它的票面价值之间的差额——充当法定货币。现在，正在流通的先令和半先令银币的大部分，由于磨损而减轻5%、10%和20%，而有些半先令银币甚至减轻50%之多。就实际重量和票面价值之间的差额而论，没有内在价值，甚至连纸币的内在价值都没有，可以说毫无价值。它是法定货币，人们晓得它能够代表同等价值再去顺利地流通，价值3便士的银币被当做6便士用。黄金和白银无疑具有某些比纸适合作交换媒介的特性，尤其是它们的一般性估价。特别是在国家要将它的货币运往国外的情况下，或者作为贸易储备，或者去购买同盟国和外国的济急物品。另一方面，这种一般性的估价正是纸币所没有的一种麻烦。既然它会使国家甚至丧失作为国内贸易的必要手段所应保持的通货数量，这就需要以很大代价来制定和实施制止输出金银的贸易法令，经常地防范着。

有充足基金的纸币还具有超过黄金和白银的很大优越性：它运输轻便；狭小的空间可以存放大量金额；因而可以比较容易和比较容易安全地（因为比较秘密）将它在各地转运。黄金、白银和铁

没有同等的内在价值，一种金属本身对于人类可以有多方面的有益用途。它们的价值主要取决于在大多数国家中的估价，和给予那种估价的信用。另外，就是1磅黄金与1蒲式耳小麦也不是真正等价的。任何其他完全可靠的信用贷款和金银却是相等的。在某种情况下更有甚者，也就是在不同国家从事贸易的人们并不是都偏爱金银。同世界各地人民一样懂得现金价值的荷兰人，如果他们不是考虑到和确认信用贷款是完全等价的，决不会用黄金和白银支付信用贷款（就像他们把它存入他们的银行时所做的那样，以后一直从那里少量的往外取），更不必说我们自己的银行票据了。

第五个理由是“议会中的债务人怀着欺骗性的意图发行纸币”。这是反对发行纸币的人们经常说的一句话。如果哪一个殖民地发生这种情况，那么就应该根据确凿的事实及时地惩罚那个殖民地。无论如何没有理由去惩罚没有如此滥用它们的立法权力的其他殖民地。因为有些殖民地负有把纸币作为欺骗手段的罪责，便剥夺所有殖民地使用纸币的方便；因为曾一度发生密西西比和南海阴谋与骗局，[①]仿佛在整个印度，银行、其他股票和贸易公司都要取消。

① South Sea Bubble 直译为“南海泡沫”。系指1720年英国的一桩投机性的金融阴谋。

于1711年成立的南海合股公司，从政府取得在南美和太平洋岛屿的贸易垄断权，它保证清偿一部分国债。1720年，该公司为了进一步得到贸易特许权，打算接受政府的全部债务作为回报，并将自己的一部分股票让给政府作酬金。在贸易迅速扩展的这些年代，投机的狂热达到顶点。公众相信南海股票会产生巨额利润，所以无论贫富都积攒他们所能得到的每个便士，不惜以任何价格购买股票。1720年上半年，股票价格上涨了8倍，然后是一系列的暴跌，到了秋季跌到市场价格的最低点。皂泡破灭了，恐慌笼罩着英国。许多人破产，内阁垮台，公司倒闭。人们称这一事件为南海泡沫。—— 译者最后即第六个理由是“在纸币保持最佳信用的中部殖民地，钞票在流通中从来未能保持它们的票面价值，而是每当其数量增加时，就常常有一定程度的贬值。”如果需要出口的任何一种商品价值上涨，就意味着国内任何剩余商品的价值下跌；那么白银超过纸币上涨到仅由它的出口能力赋予的附加价值的高度，可以叫做纸币贬值。就连这里需要出口或不需要出口的银条价格，已经从每盎司5先令2便士上涨为5先令8便士。这差不多是10％。但是，在这种场合，究竟能否说或者认为王国的一切银行票据、全部银币和所有黄金都贬值10％呢？现在，这里缺少用于交换的银币，一些银行家加价1％购买它，那么黄金和银行钞票是否就因此贬值1％呢？

在中部殖民地事实确是如此。当发行第一批纸币时，纸币和白银之间的差异不久就显现出来了。后者具有前者所没有的为殖民地经常需要的一种特性，就是它适合汇兑的性质。商人们为了购买它，于彼此之间讨价还价中，早就发现了它的价值的这种性质。因此，1塔勒开始就估价为纽约纸币8先令，和宾夕法尼亚纸币7先令6便士。至今将近四十年，两个省的那种比价一直保持不变，没有因发行新币而发生任何变化。尽管宾夕法尼亚纸币不时地增加，从最初的金额15,000镑增加到或接近60万镑。生活必需品的价格，与白银相比较，没有因纸币而引起任何变化。在绝大部分时间内，生活必需品的价格没有高过纸币发行以前；只是由于季节变化而出现充裕或短缺，或者因国外较小或较大的需求而有所变动。的确，纸币的反对者常常把同伦敦的汇率的每一次上升都叫做纸币贬值。但是，决不能认为这个概念是正确的。例如，倘若纸币按原先的价格能够购买任何物品，只是汇票除外；而这些汇票的价格没有高出在购物时使用的纸币的十分之一，那么，与其说纸币贬值了，倒不如更恰当和确切地说，汇率上涨了。有确凿的事实为证，无论任何时候那些殖民地的汇票都是比较昂贵的，常常迫使汇票的购买者付出较多的白银和纸币；白银与纸币按照上述比率一起流通，因此也可以说，白银跌价了。

已经有了用不能作为法定货币的纸币来供应各殖民地的几种不同的方案，即：

1. 以英格兰银行为榜样，成立具有足够的现金储备以支付即期汇票的银行。

常常有人提出这样的建议，但是，在殖民地现时贸易的情况下，看来是行不通的。如上所述，殖民地贸易使全部现金流入英国，很快就会把银行剥夺殆尽。

2. 用每年的一部分税款建立基金，一俟它建立起来，就安全地存入英格兰银行，这项基金（在纸币流通的若干年限中）积累起来的总额，应该足够按照它们原来的价值全部偿清。

这在马里兰曾经试行过，根据这种基金发行的钞票，没有成为一般的法定货币。事情是这样的，作为能够及时支付的钞票，自然应该与时间成比例的得到贴现，以至这些钞票在发行的初期，就降低到它们 20 镑的价值相当于它的近邻宾夕法尼亚省的 12 镑。尽管这两个省几乎是在同一时间，在同等的票面价值上受到冲击，但是，后者有一般法定货币来支撑。不管怎么样，马里兰的钞票随着时间的推移开始上涨，直至末期恢复到它们的足值。如同贬值的通货损害债权人一样，而这损害了债务人。由于它们的价值不断地变化，看来不适宜作货币用。货币自身的价值应该尽可能的固定，因为它是其他物品的价值尺度。

3. 发行带有足以支持其价值的利息的钞票。

这在新英格兰殖民地的一些省份也曾经试行过，但是，给他们带来了极大的麻烦。适合作为通货的钞票，是由各种不同的票面价值组成的。为了兑换的缘故，有些票面价值就非常低，它们从10镑往下直到3便士。当它们首次在各地出现时，便顺畅地流通起来，并且有几个月相当管用。但是，一旦利息成为需要（将以零碎小额钞票计算出来的结果）计入商人与他的顾客在商店、货栈和市场上交易总额的价值时，就要花费很多时间进行计算，大大地妨碍了营业。不管怎么说，这种弊病很快就变得更坏了。因为钞票在短期内被积聚并贮藏起来；持有带利息的货币具有一种非常诱人的利益；它始终是个人动力的本源；可以提取的交易现金。这种货币是不可能没有抵押的。许多人借助这种手段变成为小额的高利贷者，他们找不到付给他们利息、借去他们小额款项并提供可靠抵押的人，因而他们也不指望这一点。如果是普通货币，他们宁愿将货币用于某些企业。因此，贸易缩减了，而不是借助这种钞票增加了。因为把它们保藏在金库，如果说不是完全，也在很大程度上没有达到发行它们的真正目的（即提供交换媒介）。

总之，迄今还没有想出办法确立一种用以代替货币的交换媒介，它的一切优点应和信用票据一样，以充足的税款作为清偿基金，或者在期限届满时，以双倍土地抵押品的价值作为清偿基金，同时成为一种普通的法定货币。在中部殖民地至今近半个世纪的经验，由于他们的殖民、人口、建筑物、改良的事物、农业、海运和商

业等巨大地增长，使他们自己确信这一点。在那里进行贸易的商人也相信上述经验，对他们有很大好处，就是在个别场合，也无损于他们。

因此，希望保证全部偿清可以在这里支付的英国债务，应该完全公平合理地用英国货币在此地全部付清，取消对殖民地内法定货币的限制，至少对那些渴望这样做的殖民地；在那里同他们进行贸易的商人不要反对他们这样做。

（译自斯巴克斯编：《富兰克林文集》第 2 卷，波士顿 1836 年版，第 340—354 页。）

关于国民财富有待研究的几个问题

（1769 年 4 月 4 日）

1. 人类所需要的一切食物或维持生活的物品来源于陆地或水域。

2. 非食物性的生活必需品和一切其他有用设备，其价值可以用我们获取它们时所消费的食物量来估价。

3. 拥有广阔领土的小民族可以依赖自然产物，只靠采集植物和捕获动物的劳动而生存。

4. 拥有狭小领土的大民族感到自然产物不够用，他们为了生存，必须开发土地，使它生产出更多的适合人们食用的植物性食物，和人们想要食用的动物。

5. 通过劳动可以大量增加植物性和动物性食物，以及亚麻、羊毛和蚕丝等衣服原料。这些东西的剩余就是财富。我们拿这财富作为报酬，支付为我们建筑房屋和城市等等的雇佣劳动。所以，房屋和城市不过是如此转化了的维持生活的物品。

6. 制造品不过是由与它们价值相等的粮食和维持生活的物品转化成的另一种形态。由此可见，制造者事实上没有从雇主那里为他的劳动取得比仅够维持生活的物品（包括衣服、燃料和住所)更多的东西。所有这些物品的价值皆起源于生产它们时所消费的粮食。

7. 如此转化成制造品的土地生产物，比转化以前，可以更容易地运往遥远的市场。

8. 公平贸易就是同等价值与包括运输费用在内的同等价值相交换。这样，假定A在英国种植1蒲式耳小麦与B在法国生产4加仑葡萄酒花费的劳动和费用一样多；A和B在半路相逢，交换他们的商品，那么4加仑葡萄酒换1蒲式耳小麦，就是公平交易。这种公平贸易的好处是，每一方都增加了享用品的品种，不是只享用小麦或葡萄酒，而是既享用小麦又享用葡萄酒。

9. 在生产两种商品的劳动和费用为双方所了解的地方，那里作成的交易通常是公平和等价的。在生产两种商品的劳动和费用仅为一方所了解的地方，那里作成的交易常常是不等价的，了解情况的一方从不了解情况的一方得到利益。

10. 因而，一个人把1,000蒲式耳小麦运往国外销售，很可能不如先将小麦转化成制造品，也就是用小麦维持工人的生活，使他们生产制造品，所获得的利润多。因为许多迅速而简便的制造方法没有普遍为人们所了解；那些不熟悉制造业的人，尽管深知种植小麦的费用，但是，他们不了解那些简便的制造方法。因而，易于想象用于制造品的劳动比实际耗费的要多，在它们的价值方面，很容易上当受骗，以致同意支付超出制造品真实价值的价格。

11. 所以，一个国家生产制造品的利益，并不是像通常所想象的，在于极大地提高制造品的原料的价值。虽然价值6便士的亚麻编织成花边以后，可以值20先令，然而花边价值20先令的真正原因是，除亚麻外，制造者的生活费用还用去了 19 先令 6 便士。而制造品的优点是，使粮食在制造品的形态中可以更容易地运往国外市场；我们的商人利用他们的手段更容易欺骗外行人。在不生产花边的地方，几乎没有人能判断花边的价值。进口商可以要价 40 先令，或许实卖 30 先令，而他购买花边仅花了 20 先令。

12. 最后，看来一个民族获得财富，只有三条途径。第一是靠战争，像古罗马人掠夺被征服的邻邦所做的那样。这是劫掠。第二是靠商业，而商业通常是诈骗。第三是靠农业这唯一正当的途径。人类可以从撒进大地的种子获得真正的增殖，这是由上帝创造的有利于人类的一种永世不绝的奇迹，作为对人类清白生活和善良勤劳的报偿。

(译自斯巴克斯编:《富兰克林文集》第 2 卷，波士顿 1836 年版，第 373—376 页。)

贸易原理

（1774 年 3 月）

献　　辞

我们希望将下面这篇包含着论述本题的一些实用和颠扑不破原理的文章，完全衷心并深情地献给所有极其关心这些国度的福利和繁荣昌盛的人。

引　　言

以为我们仅仅是为了我们本身，或我们各自的国家而生存，那是愚蠢的妄想。全智的造物主已经命定在他的生命创造中，都贯穿着互相依赖的关系，尽管我们能力有限，不能充分理解联结各种事物的这种纽带的性质和目的，然而，我们能够并确实应该研究和探索与我们的彼此互相依赖有关的每个事物，以及我们行为的动机和准则。

我们通过这种调查研究发现，不论是我们实际的还是想象的欲望，我们的感情和我们的习惯，是我们一切行为的动机，并且确实是人与人、国与国之间一般交往和贸易的原动力。

许多论述贸易的作者，把为某一特殊贸易部门或他们所偏信的假设提供证据和进行辩解，作为他们的职责。我们在下面的文章中，将尽我们最大的努力，消除商界朋友们和一般人士的一些流行的偏见；并且用简明的文体，论述几个不言而喻的原理和一般准则。如果这些准则和原理是正确的，那么在这种见解指引下，一切推论和任何争论都可以用它们作标准加以检验。

一些值得十分尊敬的朋友们，从他们的见地和主张出发来赞扬我们。我们非常高兴地在这第二版中，对朋友们的恩惠致以最崇高的谢意。还必须进一步指出，公众对这篇文章的任何评价，都与那些朋友们毫不相干。

贸易的定义

1. 贸易或商业既是国与国之间，也是人与人之间的交往；我们通过这种交往能够取得，可以被认为或理解为任何种类的效用或享乐，不管是实际的还是想象的。

贸易的目的——营利

2. 这种交往的动机或动力是，而且必定永远是营利或希望营利；因为，既没有公众也没有个人会有意识地从事无利可图的交往或商业。

3. 营利是贸易的原则，所以，贸易的全部秘密存在于经营方法之中，借此可以获得利润和利益。

不能把贸易事务想象得如同赌博一样，一方赢，另一方必定输。各方所获得的利益可以是均等的。假定 A 有超过他所能消费的谷物，但是缺少家畜；而 B 有富余的家畜，却缺少谷物；交换对双方都有利。因此，这就增加了生活舒适品的一般贮存。

自由和保护是贸易的最佳支柱

4. 自由和保护是贸易赖以成功的最无可置疑的原则，显然，它是通向安全和迅速交易往来的一条广阔而良好的途径。强制是贸易的大敌。

5. 凡是采用那些简明原则的政府已经获得了很大利益。

6. 一般说来，如果君主废除一切禁律，在那些环境愉快，气候温和，居民精力充沛和勤奋的国家里，贸易通常是最繁荣的；它为迅速而有益的交易往来提供财源，互相满足任何实际的或想象的需要。

当君主由于禁止贸易而酿成战争时，每一方都会使自己遭受与他的敌人同样的损害。借助他们的生意促进人类共同利益的商人，以及为取得全部维持生活的物品而劳动的农民和渔夫，他们的营业绝不应该受到阻碍和干扰。而且，在战争期间也与和平时期一样，都应该受到全面的保护。

我们习惯称之为野蛮人的那些人，大都采取了这种政策，例如，同摩洛哥皇帝处于交战状态的一些强国从事贸易的臣民，来往于他的领土范围之内，没有轻易遭受俘虏；此外，在他的疆域内，还有进行贸易和居住的自由权。

英国作为一个海上强国（我们姑且认为这种想法是不正确的），除个别情况外，应该准许这样的自由。就拿和法国的战争来说，当时在护照认可的范围内，允许烟草运往那里。

7. 我们不期望必须依照同一法律来管理全世界，也不期望必须依照同一法律来管理英国。我们的看法是，无论如何，没有人为的法律将会或能够阻碍，或者完全挡住有利可图的贸易潮流。当任何可以解除饥饿的机会到来时，最严厉的法律也不足以制止人们去充饥。

8. 然而，在可能范围内，各国政府在任何时候都应该考虑，按不同方式和每个国家的法规，给予自由和保护。

9. 不管颁布什么法律，要是剥夺国家真正利益所需要的自由或自由权，或者在自由可能需要保护的地方，不能予以保护，显然是有害的。

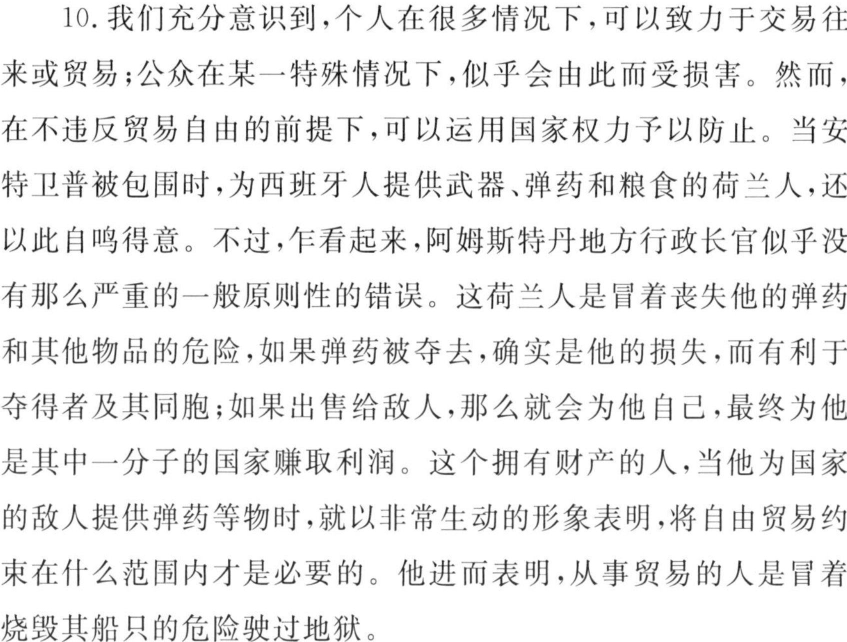

10. 我们充分意识到，个人在很多情况下，可以致力于交易往来或贸易；公众在某一特殊情况下，似乎会由此而受损害。然而，在不违反贸易自由的前提下，可以运用国家权力予以防止。当安特卫普被包围时，为西班牙人提供武器、弹药和粮食的荷兰人，还以此自鸣得意。不过，乍看起来，阿姆斯特丹地方行政长官似乎没有那么严重的一般原则性的错误。这荷兰人是冒着丧失他的弹药和其他物品的危险，如果弹药被夺去，确实是他的损失，而有利于夺得者及其同胞；如果出售给敌人，那么就会为他自己，最终为他是其中一分子的国家赚取利润。这个拥有财产的人，当他为国家的敌人提供弹药等物时，就以非常生动的形象表明，将自由贸易约束在什么范围内才是必要的。他进而表明，从事贸易的人是冒着烧毁其船只的危险驶过地狱。

如果以为我们不供应敌人所需要的东西，他就不能从另外的地方得到供给，一般说来，那是痴心妄想。既然他能够用另一种办法来伤害我们，为什么我们不去赚取由供应他们物资而产生的利润呢？当荷兰人供给敌人弹药等物时，这可能就是他们所持的理由。

11. 我们已经提出，我们以为每个人必定会承认的一条首要原理，即营利或希望营利是一切交易往来或贸易的动力。正如上面提到的，首先其中应当包括一切有用的物品；然后是装饰、享乐和鉴赏品，一句话：奢侈品。

12. 现在实际有用的东西只能是肉类、饮料、衣服、燃料和住所。每个人都能联想到与此有关的若干细目，几乎不胜枚举。

13. 至于谈到能够种植谷物、水果和饲养家畜的国家的肉类，居民们必须要辛勤地去耕种土地。按事情的常理，他们不能指望其邻国帮助他们维持生计。

关于饮料也是同样的道理，如果他们愿意用他们的谷物和水果酿造饮料来满足自己需要的话。

在衣服方面也是一样，假定他们能够用他们本国的生产物加工制造以满足穿衣的需要。

至于燃料和住所，不出产这类物品的国家是极少的。

14. 对于这些必需品的全部或一部分的实际需要，不论是对社会上的每一个人，还是对那些用他们的劳动换取等价物的人，必定并将永远是对劳动的一种刺激。

15. 当开始考虑到装饰、享乐、鉴赏和其他奢侈品时，其领域就极度扩大了。这就需要深思熟虑并查明事实真相。

16. 有些人担心奢侈品会极端不利于国家。不过，在一般意义上，我们尚未能充分认识到，它会是这样。因为我们认为财富是奢侈（包括它的一切支脉）的起因。

17. 我们所想象的，无论是国家还是个人所有的财富，都是取得上述仅具有实际效用的必需品（即肉类、饮料、衣服、燃料和住所）所必要的物品的超过部分。

不管是由什么原因产生的，通过物物交换取得那些必需品以后的额外数量或富余，要不是享乐和鉴赏引起我们称之为想象的欲望，实际上是完全没有价值和毫无用处的。想象的欲望要求我们（由创造人类的上帝置于我们的性格之中）的感情，驱使我们一心想要提供并满足它所需要的东西；仿佛这种欲望是实际的。

18. 因此，我们必须重申，由获取可以视为实际或想象的效用的动机，推动着国家与国家以及个人与个人之间的交往或贸易。土地生产物和一般工业品必须满足我们的全部需要，因而产生我们的贸易，这似乎是不言而喻的。

19. 可是，现在难以指望君主会如上面所提示的那样，准许一般的自由贸易或交往。因为他们很少懂得他们自己的真正利益所在，也不遵循管理勤劳人民应该注意的基本准则。请允许我们来阐述这方面的一些原则。

勤劳人民的基本准则

20. 土地必须由人类和牲畜耕作而发生增殖。因此，既养育人类又饲养牲畜，并且按他们各自的类别去抚养和爱护他们，是国家的职责和利益所在。

21. 在任何情况下，都应该采取一切手段鼓励和保护任何形式的勤劳；应该使用一切可能的方法根除懒惰。

凡是生命就必须维持其生存。要生存就要消费某种物品。勤劳的人经过他的努力，生产出某种等价物，以补偿他的生活费用。所以，他不是社会的负担或累赘。懒惰是一种没有补偿的消耗。

毫无疑问，一切不受中断损害的工作都是可以从事的。它常常是在一天之内，可以拿起来和放下去而又没有损失的工作，诸如纺纱、针织和织布等等，对国家是极其有利的。因为聚集在这些工作中的，可能是利用家务中出现的零碎时间所制造的全部产品。由于经常的和必要的家务通常占用妇女劳动，从起床到准备早餐之间，从早餐到准备正餐之间的时间等等。在一年期间，所有这些零碎时间的总和，对于单个家庭，相应地对于整个国家是非常可观的。所以，在这种情况下，遵照神的旨意“把零碎时间毫无遗失地集中起来”，也是极为有利的。丧失时间就是丧失生计，因而也就是丧失财富。因此，在几个家庭中，仅仅利用这些零碎时间，一年就生产出许多码亚麻布，可是，这些家庭的数目，还是同没有这样利用零碎时间时一样多。

这是一位中国皇帝的一句至理名言：“假如可能，在我的统治下，不允许游手好闲；因为，如果有一个人无所事事，另外一些人就要受冻和挨饿。”我们领会这位皇帝的意思是，每个人应该贡献给公众的劳动，由于怠惰而没有完成，自然要由别人承担这一份，因此，承担者就要遭受痛苦。

22. 凡是在依靠勤劳从土地上获得用以供给别国的生产物的劳动中，能起一份作用的，应该予以极大的鼓励。

23. 应该采取一切办法，去获得在国内雇佣它的居民所必需的物质资料。惯常作为财富符号的黄金和白银，在其他方面的用处很小，几乎没有什么价值。拿它们交换这样的物质资料，显然是有利的。

24. 依我们理解，这些都是颠扑不破的原理，明智的政府应该根据这些原理进行抉择。

25. 许多人竭力主张，应该阻止用来满足想象欲望的外国产品进口，特别是在拿不出土地生产物或工业品去交换它们的时候。根据自由贸易的基本原则，我们完全不容许这样做。因为那很清楚，奢侈者要消费，而为了营利的商人要采办这类外国产品，禁律和苛税也阻止不住。所以，我将会看到，刚才谈到的，仅仅作为众多方式或形式中的一种方式而确立的那个学说，很可能是无用的，或者是一种障碍。

事实上，我们要是拿不出土地生产物或工业品去交换别国的产品，除非依靠诈骗或劫掠，否则，很难得到它们。假如我们拥有金银矿藏，那么，黄金和白银可以说是我们土地的生产物。假如我们没有这类矿藏，我们只能拿我们的土地生产物或工业品，公平地购买那类金属。一旦我们占有它们，那么，它们不过是土地生产物或工业品的另一种形态。如果贸易需要，而我们的其他产品又不适宜交换，我们就可以拿金银交换其他国家的产品，为我们提供迫切需要或更加渴望的东西。当我们用黄金和白银付款有困难时，就会激励我们勤劳地再去获取更多的金银，我们采用这种手段可以设法得到同样的利益。

在这里，对一个常常被狂热地坚持的——廉价的粮食必定使制造品便宜，以及充足的货币有助于贸易的利益——错误学说加以评论，是适当的。我们将努力证明唯有勤劳能做到这两方面。

勤劳比货币更有益于贸易

26. 上帝已经智慧地注定，在人世间应有不同的工作和职业，富人和穷人是由不同的欲望驱使着，不管是实际的还是想象的。富人如果没有谋取更大量的获得物的欲望或愿望，或者穷人要不是被迫去获取满足他们实际需要的物品，几乎是不可思议的。假如富人节制他们的欲望或愿望，他们未加利用的多余的财富，和未经开采的矿山的矿石一样没有用处。假如穷人劳动一天能够满足他两天的实际需要，而他的一半时间弃置不用，在这段空闲时间里，可以认为他如同僧侣或残废人之于社会一样。如果获取财物的渴望激发着富人，那么，他便会勤劳地利用他的全部财富。如果粮食匮乏，就会迫使穷人拿他的全部时间去劳动，由于他的辛劳，毫无疑问，比仅用一半时间劳动，会制造出更多的产品。因此，我们断定，营利是一切交易往来或贸易的最初动力，勤劳和满足我们欲望的要求是起媒介作用的动力。无论如何，我们应该看到，真正明智的政府，考虑到大众的利益，总是一心想要获得充足的口粮，维持人民和牲畜的健康与体力，以便促进勤劳。因为没有由充足的粮食产生的体力，就不能充分地保持勤劳。

一般说来，老百姓不是为享乐而劳动，只是出于需要。粮食便宜使他们更加懒散，于是他们制成的产品就比较少，而那时的需求则相应地更多了，当然价格就要上涨。粮食昂贵迫使制造者劳动更多的时日，因而制成的产品超过同等的日常需求，其结果自然是制造品变得比较便宜。

27. 关于充足的货币对贸易和制造业有好处的问题，我们认

为，每个精于此道的人，都应该懂得各个国家的硬币(我们通常是通过硬币理解货币的)，决不是一般世界交易往来或贸易的原动力。条状的或未经铸造的块状金银，则更是如此。就其价值而论，这种商品比任何别的商品更不容易变化。的确硬币在贸易的波动中易于被作为商品来对待；但是，当硬币由于经久使用，变得比它们的最初重量为轻时，因而它们就成了不大合格的商品。所以，我们说，硬币一般只能在人们之间作为进行易货贸易或交换的一切商品的共同尺度。当然，不能把硬币列入那种仅有实际效用的物品之中。因此，让我们假定硬币是筹码，进一步把事例简化，假定每个制造者握有任何数量的这种筹码，能否由此得出结论：他会勤劳地经营各种制造业，或者当筹码恰好够交换靠劳动而获得的肉类、饮料和衣服等实际必需品时，生产出比这更多的产品呢？当然不能。必定是满足我们欲望的要求，激励着如上所述的勤劳；唯有勤劳推动着贸易，才能获得丰富的制造品。

28. 然而，铸印不同种类和单位的硬币或筹码，是政府的责任，以免在人类每次交易的结算中，把一切事物中最可宝贵的时间浪费掉。不过，那些硬币的充足或短缺不能完全依赖任何政府，而是随贸易的一般流通和它的起伏波动而定。这种情况，可以使它们成为不受一点损害的商品。必须承认，主要构成这类硬币的贵金属黄金和白银，正是从拥有矿藏的国家取得的商品，用它从那些没有金银矿藏的国家交换它们的土地生产物或制造品。

银币及其短缺

29. 任何国家的幸福皆依赖于它所保持的全部黄金和白银，

或是条状或是硬币，这的确是以一个非常狭隘的原理为根据的说法。我们所了解的一切共和国对此都另有明智的考虑。近些年来，白银的主要产地西班牙，缴纳税款，就许可白银自由出口，这是十分公正的。跟英国对铅和锡采取的措施一样。在此许可以前，西班牙的刑法并未能阻止白银的出口。因为它是商品，西班牙王国在必须支付的情况下，拿它作为等价物，支付供应它们商品的国家。

若是西班牙和葡萄牙能够成功地实施，如洛克称之为“以树篱围杜鹃鸟”[①]的愚蠢法律，将它们的全部黄金和白银保留在国内，在这个时期，那些金属的价值可能只比等量的铅或铁略高一些。它们的充裕压低了它们的价值。我们看到了这些法令的愚蠢性；但这不是我们自己的禁令和戒律。我们所制定的禁律，自以为是为了在我们同外国用货币支付的贸易中，能为我们带来顺差。如果制止必要的货币出口的法律能够彻底地实施，定会使货币充裕而其价值甚低。我说，难道这不是和西班牙的那种愚蠢的法令如出一辙吗？

30. 在英国，银币与黄金的比例失调比邻国更为严重，大约5% 的银币，由于比例失调，而变成了商品，不仅作为输出品，而且供给国内使用白银的制造业，竟比保持未经铸造的块状白银还多一些。在不损害公众利益或不触犯现有标准的前提下，这是可以补救的。仅仅靠颁布1磅重的标准银必须分割成65先令的法律，

① 洛克(John Locke，1632—1704年)十七世纪英国著名的唯物主义哲学家，资产阶级经济学家。——译者

代替现行法律规定的数量62先令，永远也达不到这个标准。不管怎样，我们必须注意，无论何时，由于对白银格外的需求，甚至花费65先令买到1磅白银，也能够输出国外去谋利，或者为制造业熔化掉，没有禁律能够阻止它出口或熔化，并仍旧变为商品。

其他硬币和纸币

31. 尽管冒着绞首的危险，铸币者曾经指出，我们认为政府采用某一数量作标准，是可取的。当他们将1磅标准银分割成68或71先令时，他们铸造并付诸流通的这样重量的先令，可以获利10%至14%以上。尽管公众受了这样大的欺骗，显然，这种分量不足的先令或筹码还是有用的。应该相信政府为查明并制止这类明目张胆的诈骗行为所采取的一切行动。如果是这样的话，能否设想一方面国库要承担这类欺骗的重负？另一方面，还拿不出法定先令或筹码来，简直是强迫公众使用非法先令。立法机关纠正5%这个错误比例（如上所述）的权力，是不容怀疑的。但是，究竟是责成占有这种筹码的每个人，还是由国库来承担重新铸造货币的损失，看来这是做出决定的困难所在。但有一点可以提出来，即每个人都有权力接受或拒绝任何低于法定单位重量的硬币。如果铸造者自己铸错了，那他必须承担一切后果。另一方面，个人不得不提出，几乎完全缺乏合法的筹码；同时指出，要阻止因磨损而减至最低重量的硬币流通，是不可能的或无须这样做的事。鉴于硬币是用于公共事业的，可以提出，硬币的任何损失，不管是磨损，或甚至是锉损和擦损，应该从铸造之日起若干岁月以后收回硬币予以补足，由政府掌管受理回收的货币。我们充分地意识到，这样的

决定会给先令的铸造者，黄金的锉削者和擦损者以什么样的自由。但是，我们认为，预先采取适当的措施，这种弊病在很大程度上是可以防止的。

32. 在当今国王陛下统治的初期，明智地命令铸造四分之一几尼；[①]从而在某种程度上补充了银币的不足。如果铸造三分之一和三分之二的几尼，它们还会更加充足。除去没有把这种货币单位列入陛下同造币厂长的契约这一点之外，我们不能想象为什么没有这样做。按我们的愚见，这种情况应该纠正。

33. 我们认为，在这里，是把白银还是把黄金叫做本位货币是无关紧要的说法，是不正确的。但是，看来把最稀少和最贵重的金属作为单位或本位是最合适的。

关于铜币，如果它是由适当重量和纯净度的铜铸造的，就像黄金和白银一样适合作货币或筹码。其数量只要足以补充人们之间交换的零星需要就够用了，而不必更多地铸造。

至于纸作货币而流通，那是非常有利的。当它迅速地从一个人转到另一个人手里，就赢得了时间，因此，可以认为给社会增加了人手。因为用来辨成色和称分量的那些人，将从事别的事业。纸币的发行者或印刷者懂得要有一个与其所发行的纸币或纸币的价值相符合的等价物；任何金属或硬币也不能超过它的价值。

政府要限制或固定纸币的信用程度是不可能的，它当然会起伏波动。政府要为每个人在他的贸易过程中的业务经营或信用制定规则，也是妄想。任何表面的暂时的弊病，自然会引起相应的

① 几尼(Guinea)英国的一种旧制金币，值 21 先令。——译者

对策。

汇　　兑

34. 照我们的看法,有关汇兑的一些原理,是以一种非常混乱的方式论述的;一些准则是根据那个只能导致误解的主题提出来的。在这里,我们将按照我们的见解大胆地提出一些不言而喻的原理。

35. 我们设想:一个国家或城市与另外的国家或城市之间的汇兑是借助票据进行的。一个人需要从某一个国家或城市领取款项,因而拿他的票据或汇票出售;另一个人想要把款项送往那个国家或城市,所以他愿意购买这些票据或汇票。他按议定的价格购买它;这议定的价格就是汇兑率。用这种价格购买票据,如同用商品购买一样。当市场上票据短缺时,它们便昂贵;票据充足时,它们就便宜。

36. 我们认为,不需要去讨论按惯例确定的不同的汇兑率和汇兑的种类;那是在学校讲授过的东西。但是,我们考虑还必须说几句,以便打破已经引起某些误解和其他混乱的错误原理,那就是必须由官方在各国之间规定一定的汇兑平价或法定价格,从而,使得通货的兑换率像本位硬币一样的固定。

37. 我们在上面曾经指出,充足和短缺必然影响汇兑率。经过深思熟虑的上述原理足够说明问题;但是,我们要补充一点,人类的预见性不能绝对地判断贸易中几乎是无数的变动,国家之间贸易的变化,有时是直接的,有时是间接的。因而,国家或当权者只能凭权力规定汇兑平价,不能借权力擅自决定输入和输出他们各自领土的不同种类商品价格的行情。就商品而言，确实存在着特殊商品的垄断地位。必须承认这种商品是例外。而这并不适用于一般贸易；为了促进一般贸易，自由和安全实质上是最必要的，我们经常怎么重复这一点也不过分。

汇兑平价

38. 理论家们非常详细地阐述了另外一个涉及平价的似是而非的学说，即任何个别国家之间高于或低于平价的汇兑，总是表明它们相互之间的贸易有利还是不利。必须承认，在贸易中没有足够的利润和补偿，就是一无所获。但是，各国之间有着各种各样的情况，并经常直接间接地变动不已，不能固定在某一点上来进行论证。因此，假如由于贸易波动和周转的影响，在汇兑的某一特定时期内，那里发生了高于或低于一国货币兑换另一国货币的所谓平价或等价的2%、3%，或更多数量的较大变化。若是可以这样说的话，除暂时的情况外，它不是贸易有利或不利的必然结果。它对于国家一般是无关紧要的，因为贸易从有利可以变为不利，反过来也是一样。因为以它必然变化的本质为前提，进行演绎推理，如果不是导致误解，便只能助长问题的复杂化。

39. 回到一般贸易的正题上来。我们认为，我们的原理对于一切国家都是适用的，每个国家的立法机构应该予以重视。我们不打算讨论每一项个别论点；考察那些通常是垄断赖以确立的自命的原理或利益，也不是我们的目的。明智的政府应该权衡和慎重地考虑依据那些原理提出来的任何法规，我们的愚见以为，这是不说自明的。由此可以看出，它是否符合大众的利益。所罗门[①]劝告说“不要和商人评议营利”。我们相信，这关系到商人自身的特殊利益。我们要重复一句，营利必定永远是他的行为的动机。尽管如此，政府还是应该努力从每个人——不仅从在贸易的各个部门中实际供职的人们，或那些与之有关的人物，而且甚至从对它进行理论地或抽象地考察的一些人士——那里获得专门的知识。

如果政府不超过保护的限度进一步干预贸易，而是让它自行其是，一般说来，或许更好一些。我们认为，管理、指导或限制贸易的大多数法规、法令、条例、决定，以及议会、君主和国家的公告，不是政治上的愚蠢，就是那些狡猾的人，在公众利益的借口下，为了个人私利，以假公济私的手段炮制出来的东西。当科尔贝[②]召集法国一些机灵的老商人，希望对他如何才能最好地尽责和促进商业发展，提出他们的建议和意见时，他们商量以后，仅用了 3 个字来回答：“让我们自己干”(Lassez-nous faire)。法国一位十分严肃的作家说，只有在政治科学上具有相当高深造诣的人，他才会了解那句格言——“不要过多地干预”——的完整的精神实质。一旦将它运用于贸易，或许比公众所关切的任何其他事情更有价值。所以，希望世界上一切国家之间的贸易是自由的，如同英国同各郡国之间的自由贸易一样；那么通过互相交换都能得到更多的享用。那些郡没有由于贸易而彼此毁伤，各国之间也不会如此。从来没有一个国家是因为贸易，甚至似乎是最不利的贸易而崩溃的。

---

① 所罗门(Solomon)《圣经》所记述的以色列的贤明国王。——译者

② 科尔贝(Jean-Baptiste Colbert, 1619—1683 年)法国有名的政治家，路易十四王朝的财政大臣。重商主义政策的积极推行者。——译者

无论在哪里,进口称心如意的奢侈品,会激励人们勤劳,从而生产出丰富的产品来。如果只许可购买必需品,那么人们就会仅仅为了生产必需品而劳动。

奖励金

40. 然而,我们关于各个贸易部门的讨论,对我们当前的目的来说,其领域是太广泛了。正像不同的商业往来,甚至国家的利益,由于各种各样的变动而会发生变化一样,个别的法律和法规也需要改变。既然大不列颠立法机关决定授予的奖励金或奖金,已经取得一些人的信任,如果不是不合时宜的、不必要的,我们希望不要浪费我们的时间,去考虑原理的适用性和正确性。据我们了解,这些奖励金或奖金就是根据原理授予的。

41. 我们以为,应当完全承认,他们所依据的原理,毕竟是有助于大众利益的一种鼓励,尽管在各个地方和一些国家继续授予农产品、制造品或渔业的奖励金,还需要国库帮助进一步改善。

一些具有预期效果的奖励金停发了;另一些,因为首次提出的理由充足,还在继续发放。

依我们的看法,国库授予个人的赠予物无疑是能够发生效用的。贸易的基本原则是营利,营利是奖励金的基础。因为每个人是全体公众的一分子,所以,不管怎样,有益于个人的,必定有益于公众。由此可见,立法机关是最睿智的。尽管在个别的农产品、制造品或渔业方面没有完全成功,无论如何也不应该责难它,因为这些奖励金毕竟发挥了鼓励作用。

我们充分意识到,奖励金的目的或许被觊觎不正当营利的人所滥用，这是可能的。但是，运用适当的手段制止这种不义行为是立法机关的职责。无论如何也不能把这种滥用，当做一种反对发放特许奖励金会带来好处的理由。

小 麦 奖 励 金

42. 关于奖励金或奖金的这些原理，可适用于贸易中的大多数商品，以及除小麦以外的其他谷物。我们将考虑和详细论述这个具有复杂性的问题。关于这个问题，人们在一定时期，已经产生了分歧意见。

43. 据我们看来，使用这项谷物奖励金，不仅是鼓励耕种土地，为本国增产充足的粮食供居民享用，而且也是为了供应我们的邻国。无论何时，仁慈的上帝都乐意赐予多余的物品。

44. 决不能相信，奖励金的鼓励会保证社会保持不间断的持久的富足。然而，当谷物种植者晓得他可以借助这项奖励金，为他所拥有的、超过国内通常消费的多余谷物，取得一个进入国外市场的机会时，他基于对多余谷物因外国的需求而有出口机会的设想，更愿意耕种和改良他的土地。因此，他大概就不会为富裕而苦恼了。在一些人看来，这可能是奇怪的，但是，就他缺乏销路和收获庄稼的大量费用来说，那也许是实情。

45. 因为王国没有公共谷仓，立法机关发明了确定国家牌价，在国家牌价以下，允许国库发给奖励金或鼓励金的办法。一旦货币价格超过规定的牌价，那么，这种奖励金就应该停止。

46. 几乎没有人考虑到或感受到现实的情况。他们认为，谷物因歉收而腾贵；所以，必须时常关闭谷物种植者的一切谷物出口。共同的呼声是，我们出口小麦为邻国提供的面包，比供应我们国内穷人的还便宜；他们因此可以从事廉价的劳动，这会影响我们的制造者。关于最后这种辩解，我们应该把它归入我们在第 26 条曾经讲过的内容。然而，前者即由于奖励金，供应邻国的小麦，比在国内供应我们的还便宜的说法，总的说来，是没有事实根据的。因为，伴随着谷物出口而来的，还有几项费用，诸如运费、代理商佣金、酬劳金和搬运费等等。当我们考虑到，奖励金只限于付给我们自己船舶的航运费，那么航运费与奖励金就完全抵消了。以致超过国库所支付的那部分，被用做车运费和其他的费用，就进入了私人腰包。所以，我们以为，我们完全可以设想，在一般情况下，输出的谷物对于外国人比对英国消费者的售价要贵。

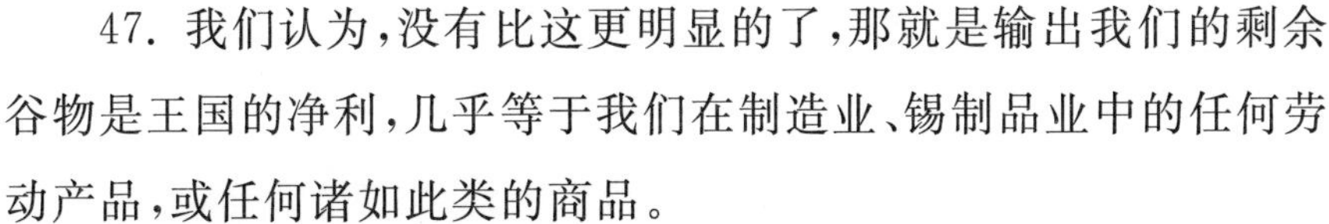

47. 我们认为，没有比这更明显的了，那就是输出我们的剩余谷物是王国的净利，几乎等于我们在制造业、锡制品业中的任何劳动产品，或任何诸如此类的商品。

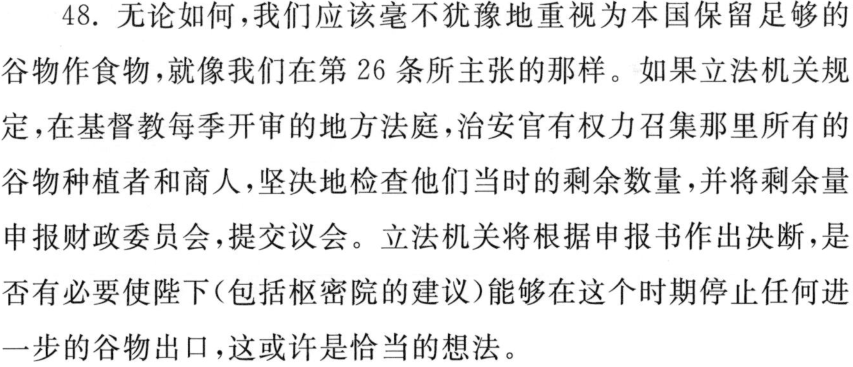

48. 无论如何，我们应该毫不犹豫地重视为本国保留足够的谷物作食物，就像我们在第 26 条所主张的那样。如果立法机关规定，在基督教每季开审的地方法庭，治安官有权力召集那里所有的谷物种植者和商人，坚决地检查他们当时的剩余数量，并将剩余量申报财政委员会，提交议会。立法机关将根据申报书作出决断，是否有必要使陛下(包括枢密院的建议)能够在这个时期停止任何进一步的谷物出口，这或许是恰当的想法。

49. 或者提出，立法机关所做的是否符合授予奖励金的原则，因为废除了准许按目前确定的价格授予几种谷物奖励金的现行法令，并降低了这些谷物的价格如下：

小麦从48降到36或32先令。

大麦从每夸脱24降到18或16先令;而这与任何其他谷物是成比例的。总之,降低现在的标准价格,在标准价格以下,授予四分之一或三分之一的奖励金。

50. 依我们的愚见,这最后的方法是最简单和最合宜的方法,和我们自由贸易的基本原则是一致的。如果每年都依靠议会审议,它就会受到妨碍。

51. 反对降低现行控制国库发放奖金的规定价格的人们会提出:我们的先辈认为,必须完全根据发放奖励金的原则来授予任何奖励金。这些原则我们在第43条业已提到。我们不能否认授予奖励金的原理的睿智;因为它们已经是而且将永远是对耕作的一种鼓励,所以完全停止奖励金是非常错误的。然而,如果它已达到耕作和改良的预期的重要目的,种植者由于奖励金的鼓励而实现了改良,按上面所说的32或36先令,16或18先令等降低了的价格,毫无疑问,也能得到现有的利润。当我们的先辈制定授予奖励金的法律时,他们很可能认为种植者不会得到那么大的利润。看来,很明显,应该像上面所阐明的那样,有计划地改变和降低奖励金的价格。

52. 法国自从纠正了使他们吃过苦头的,关于谷物贸易的一个非常严重的错误以来,专心致力于贸易已有若干年了。过去,法国的某个县或省可能物产丰富,而尽管邻近的县或省几乎是在挨饿,若没有朝廷的特别许可,不能从花费了相当大的辛劳和开支的富裕省份购买谷物。在海港城市,可以进口小麦;而过后不久,没有地方行政长官的许可,物主只有输出它的四分之一或三分之一的自由权。现在,他们比较聪明了。整个国家的谷物贸易十分自由,尤有甚者,每当1夸脱小麦的市场价格于三日内大约不超过45先令时,只要用法国货船运输,各种谷物都可以出口。我们相信,他们的鼓励是仿效我们的法律。我们之所以提到这一点,仅仅为了表明,别的国家都正在改变他们的有害措施,那么,我们就应该小心翼翼地以我们最大的注意力关注我们的基本利益。

远离海洋的内陆高地国家,它们的河流小,从国内不能流向海洋,像瑞士的情况那样,如果国家不设置谷仓并保持充分的贮藏,可能由于连续的歉收而陷入极端的贫困。古时候,还在航行如此普遍,船只这般众多,贸易往来关系这样妥善地建立以前,甚至沿海国家也可能因为歉收暂时陷入贫困。但是,现在这种情况便利了那些国家之间的往来,不受限制的贸易,使任何国家总能获得充足的谷物。的确,如果某些政府如此的冒失,以致抓住进口的谷物,禁止它再出口,或按限定价格强迫出售,那里的人民可能由于商人躲开他们的港口而遭受严重的饥荒。而那里的贸易始终是自由的,商人是他的商品的绝对主人,例如荷兰,那里就总会有适当的供给。

当外国的昂贵价格引起谷物输出时,共同的喧嚷声是,我们可能因此发生国内饥荒。然后,随之而来的,是以想象中的穷人的贫困为根据的禁令。如果穷人确实陷入贫困境地,应该予以救济。但是,如果来自国外的需求,使农民能够以高价出售他的谷物,难道由于禁止出口,他就必须被迫不仅向穷人,而且向每个食用面包的人,甚至向最有钱的人索取低廉的价格不成?救济穷人本是富人义不容辞的责任;但是,按照这种见解,全部负担就都放在农民的肩上了,同时,他还要救济富人。就是由教区供养的穷人,也没有权利要求农民这样亏本销售。只要他们得到补助费,至于面包便宜还是昂贵,对他们来说没有什么差别。现在,每周做五天或四天工的那些贫穷的劳动者,假如由于面包如此昂贵,以致迫使他们根据戒律的要求做满六天工,不能认为是受了委屈,从而有权要求国家改正。那时,在每一个分区,比较地说,将只剩下由病人和大量儿童构成的少数家属,因为谷物价格昂贵而陷入这般贫困境地,以致需要救济。这些人应该由特别捐款来救济,不该限制农民的利益。

害怕出口一旦流尽国家的谷物,我们自己就要挨饿的那些人,是害怕从来没有过,也永远不会发生的事情。当他们看到潮水退向大海时,他们也可能担心河水将要流干。谷物价格像水一样,会找到自身的水平。我们输出的愈多,它在国内就变得愈昂贵;国外接受的愈多,它在那里就变得愈便宜。一旦国内外价格均等,出口自然就会停止。因为不同国度的季节变化,歉收的灾难从来就不是普遍的。那么,如果所有的港口经常开放,一切贸易都是自由的,每一个沿海国家总能吃上平均价格的面包,或者使一切有差异的收成平均化。很可能比我们根据我们人为的法律能够做到的还更为均等,因而更平稳地促进农业发展。许多国家都可以按中等价格购买面包。在任何时候,非人道地拒绝解救别国危难的国家,当它自己遭遇不幸时,就不值得同情了。

我们在这里,怀着对我国繁荣昌盛的最热烈的祝愿来结束这些想法;我们希望我们曾经努力反复阐述的,以保证贸易成功为目的的，关于保护和自由的必要性的学说，能够为立法机关在形成它们有关这些国家贸易的决议过程中，始终予以重视。

（译自斯巴克斯编：《富兰克林文集》第 2 卷，波士顿 1836 年版，第 383—409 页。）

图书在版编目(CIP)数据

富兰克林经济论文选集/(美)本杰明·富兰克林著;刘学黎译.—北京:商务印书馆,2017
(汉译世界学术名著丛书:120年纪念版:珍藏本)
ISBN 978-7-100-14184-0

Ⅰ.①富… Ⅱ.①本… ②刘… Ⅲ.①富兰克林(Franklin, Banjamin 1706-1790)—经济思想—文集 Ⅳ.①F097.124.1-53

中国版本图书馆CIP数据核字(2017)第137888号

汉译世界学术名著丛书
(120年纪念版·珍藏本)
富兰克林经济论文选集
〔美〕本杰明·富兰克林 著
刘学黎 译
耿全民 校

商 务 印 书 馆 出 版
(北京王府井大街36号 邮政编码100710)
商 务 印 书 馆 发 行
南京爱德印刷有限公司印刷
ISBN 978-7-100-14184-0

2017年12月第1版 开本710×1000 1/16
2017年12月第1次印刷 印张5½
定价:40.00元